edition suhrkamp 2491

Wer zum erstenmal nach Minsk kommt, ist irritiert und überwältigt von den riesigen Boulevards, den endlosen Parks mitten im Zentrum, den vielen mit sonderbarem Dekor reich verzierten Palästen. Die surreale Atmosphäre dieses Ortes, in dem man sich wie ein Held Kafkas, Canettis oder Charms' fühlt, ist heute, nach der Niederschlagung der weißrussischen Oppositionsbewegung, greifbarer denn je. Von den Sowjets als ideale Stadt, als Verwirklichung der kommunistischen Utopie entworfen, hat Minsk sich in einen Raum des Absurden verwandelt: architektonisches Monument einer Stadt des Glücks und Ausdruck der Unmöglichkeit, es zu erlangen. Hier findet der Kampf um die Zukunft statt, die Demokratie drängt hinein, die die Errichtung einer idealen Stadt schon immer torpediert hat.
Artur Klinaŭ, Künstler und Architekt, porträtiert die »Sonnenstadt der Träume«, erzählt von seiner Kindheit in einem Land, das heute unter der Diktatur Lukaschenkos aus der sowjetischen Epoche nicht herauskommt, und konstatiert das Verschwinden Europas in der Dämmerzone Weißrußland.
*Artur Klinaŭ*, 1965 geboren, Architekt, Künstler und Publizist, Herausgeber des einzigen Magazins für zeitgenössische Kunst in Weißrußland »pARTisan«. Lebt in Minsk.

# Artur Klinaŭ
# Minsk

*Sonnenstadt der Träume*

Mit Fotografien
des Autors

Aus dem Russischen von
Volker Weichsel

Suhrkamp

Der Originaltitel lautet *ПУТЕВОДИТЕЛЬ ПО ГОРОДУ СОЛНЦА*.
Weitere Angaben in der Nachbemerkung.

edition suhrkamp 2491
Erste Auflage 2006
© Suhrkamp Verlag Frankfurt am Main 2006
Deutsche Erstausgabe
Alle Rechte vorbehalten, insbesondere das
des öffentlichen Vortrags sowie der
Übertragung durch Rundfunk und Fernsehen,
auch einzelner Teile.
Kein Teil des Werkes darf in irgendeiner Form
(durch Fotografie, Mikrofilm oder andere Verfahren)
ohne schriftliche Genehmigung des Verlages reproduziert
oder unter Verwendung elektronischer Systeme
verarbeitet, vervielfältigt oder verbreitet werden.
Satz: Jung Crossmedia Publishing, Lahnau
Druck: Druckhaus Nomos, Sinzheim
Umschlag gestaltet nach einem Konzept
von Willy Fleckhaus: Rolf Staudt
Printed in Germany
ISBN 978-3-518-12491-8

3 4 5 6 7 8 – 16 15 14 13 12 11

# Minsk

*Sonnenstadt der Träume*

*In einer weiten Ebene erhebt sich ein gewaltiger Hügel, über den hin der größere Teil der Stadt erbaut ist. [...] Der oberste Herr bei ihnen ist ein Priester, den sie in ihrer Sprache HOH nennen; in unserer würden wir sagen: Metaphysikus. Dieser ist das Oberhaupt aller in weltlichen und geistlichen Dingen, und alle Geschäfte und Streitigkeiten werden letztlich durch sein Urteil entschieden. Drei Würdenträger stehen ihm zur Seite: Pon, Sin und Mor, in unserer Sprache: Macht, Weisheit und Liebe.*

Tommaso Campanella

I

Ich wurde in der Sonnenstadt geboren. Das erste, woran ich mich erinnere, ist eine riesige Betonplatte, die ich zu erklimmen versuche. Ich klettere auf den kalten, grauen Block, halte mich mit Händen, Füßen und Zähnen fest. Als ich mich endlich mit großer Mühe hochgezogen habe, ragt dahinter eine zweite, ebensolche Betonplatte in die Höhe. Ich steige auch auf diese Platte. Als ich oben bin, erscheint die nächste und dann noch eine und noch eine und noch eine.

Eine seltsame Eigenschaft des Gedächtnisses. Aus der Filmchronik unseres Lebens hält es einzelne Episoden besonders genau fest, Ereignisse, die nicht unbedingt die wichtigsten für uns waren. Das Gedächtnis gleicht vielleicht am ehesten einem Schwarzweißfilm, in dem die meisten Einstellungen bloß Risse zeigen, die über die Leinwand laufen, und Punkte auf schwarzem, weißem oder grauem Hintergrund. Doch von Zeit zu Zeit wird der Tanz abstrakter weißer Linien von eindringlich realistischen Bildern unterbrochen, die nicht mit der Zeit verwischen, sondern unversehrt in unserem Gedächtnis bleiben bis zur letzten Sequenz vor dem Abspann.

Es ist merkwürdig und wohl symbolisch, daß gerade die Einstellungen mit der Betonplatte das erste Fragment meines Gedächtnisses sind, das erste Aufscheinen eines realen Bildes der Welt inmitten von vielen Kilometern schwarzweißer Risse und Punkte.

Die Betonpyramide, die ich zu erklimmen versuche, ist die Treppe zwischen dem dritten und vierten Stock unseres Wohnblocks in der Lomonossow-Straße. Ich klettere zu Igor Brandin, meinem ersten Kinderfreund, der einen Stock über mir wohnt und ebenfalls in der Sonnenstadt geboren wurde, im selben Jahr, 1965, nur vier Tage früher. Ich weiß noch nicht, daß in diesem Jahr der erste Mensch im Weltraum spazierengeht, daß im Westen die Beatles in den Köpfen der Jugendlichen eine Revolution auslösten, daß drei Jahre zuvor ein Mann aus der Sonnenstadt namens Lee Harvey Oswald loszog, Präsident Kennedy zu töten, und in Moskau Verschwörer aus dem Politbüro Chruschtschow absetzten. Die Breschnew-Zeit begann.

Ich gehe nur zu meinem Freund. Genauer, ich krabble, denn ich kann noch nicht laufen. Deshalb erscheint mir die Stufe so riesig, eine Platte, höher als ich groß bin, und die Treppe verwandelt sich in eine gigantische Pyramide aus Stein. Die weiteren Ereignisse dieses, aber auch der meisten folgenden Tage sind aus meinem Gedächtnis verschwunden. Wieder begannen weiße und schwarze Linien, punktierte Linien, dann Punkte über die Leinwand zu hüpfen. Aber die Betonplatte blieb, als Bild meiner Stadt, einfach und rätselhaft wie Malewitschs Schwarzes Quadrat.

2

Wenn Sie mit dem Zug aus Europa nach Minsk reisen, müssen Sie, noch bevor Sie in der Sonnenstadt der Torplatz empfängt, durchs Fegefeuer – durch das erste Tor an der Grenze zum Land des Glücks. Alle Züge, die auf sein nun schon ehemaliges Territorium fahren, müssen die Räder wechseln, ein unvergeßliches, seltsames Schauspiel. Wenn man nachts an die Grenze kommt – aus irgendwelchen Gründen fahren die meisten Züge aus Europa nachts über die Grenze –, rollt der Zug nach der Paß- und Zollkontrolle in eine riesige, langgezogene Werkhalle. Die Ästhetik dieser Werkhalle ist dieselbe wie noch vor Jahrzehnten. Hohe, rauchgeschwärzte Fenster, schmutziggraue Wände, plumpe, dutzendmal überpinselte grüne Metalltische für die Werkzeuge, ein Kran, der von Zeit zu Zeit mit großem Krach über Ihren Kopf hinwegschwenkt; unzählige kleine, dunkelbraune Türen, die irgendwohin führen.
Aus diesen unzähligen Türen entlang der ganzen Werkhalle kommen plötzlich kleine Menschen in schwarzen, ölverschmierten Kitteln. Wenn Sie in den Vorraum Ihres Waggons gehen, um zu rauchen, und diesen Menschen zuschauen, ernten Sie feindselige Blicke. Doch diese Leute sind alles andere als bösartig. Vielleicht ärgern sie sich ein wenig, daß sie zu dieser späten Stunde in einer halbdunklen, dreckigen Werkhalle mit schweren Vorschlaghämmern auf Metall schlagen, zentnerschwere Haken ziehen und Radachsen bewegen müssen. Und Sie sind so sauber, so fein,

fahren ins Land des Glücks oder in die andere Richtung – was sind Sie glücklich, daß Sie nach Europa zurückkehren können! Übrigens, wenn Sie vor zwanzig Jahren, zur Zeit von Gorbatschows Alkoholverbot, über die Grenze gefahren wären, dann hätten Ihnen diese Leute gerne geholfen, eine Flasche Wodka, ein Päckchen Zigaretten oder sonst etwas zum doppelten Preis zu erstehen.

Schreiend und fluchend machen sich die schwarzen Männlein an die Arbeit. Mit tonnenschweren Wagenhebern wuchten sie Ihren Waggon anderthalb, zwei Meter in die Höhe und rollen die Radachsen unter ihm hervor. Die Halle dröhnt vom höllischen Lärm der Wagenheber. Über den Köpfen der Anwesenden fährt ein Gleitkran hin und her durch die ganze Werkhalle. Seit vielen Jahren hängt dort das gleiche Schild: Ein Mensch mit Helm, auf den etwas Schweres herabfällt. Der Sinn dieses Bildes ist klar, jedes Kind versteht ihn: »Nicht unter dem Kran stehen. Lebensgefahr.« Mir schien jedoch immer, daß dieses Schild nicht zu dem feierlichen Augenblick paßte. Man müßte etwas Ernsthafteres hinhängen. Am lustigsten wäre ein Plakat mit der Aufschrift »Willkommen in der Hölle.« Eigentlich müßte hier ein rotes Banner hängen, auf dem mit großen weißen Buchstaben geschrieben steht: »Willkommen im Land des Glücks!«

Unterdessen beenden die schwarzen Männlein ihre Arbeit. Sie lassen den Waggon auf die neuen Räder hinab, und zufrieden mit dem, was Sie gesehen haben, setzen Sie Ihre Reise in die Sonnenstadt fort.

# 3

Die kommunistische Idee war ein Projekt zur Errichtung des allgemeinen Glücks. Hat die Menschheit jemals eine edlere und schönere Sozialdoktrin formuliert? Gleichheit, Brüderlichkeit, Gerechtigkeit. Eine Gesellschaft der allgemeinen Harmonie, jeder nach seinen Fähigkeiten, jeder nach seinen Bedürfnissen, das Paradies auf Erden, ein Ort, den es nicht gibt, Utopia ...

»Glück« blieb ein von den Philosophen aller Länder nahezu unangetasteter Begriff, dessen zweideutige Jungfräulichkeit selbst die zudringlichsten Denker abschreckte. Vielleicht weil die Antwort, daß es kein Glück gibt, schon feststeht und es daher fruchtbarer ist, nicht nach dem Glück, sondern nach dem Sinn zu fragen. Und wenn es das Glück doch gibt, so ist es zu individuell, als daß es sich einer spekulativen Verallgemeinerung fügen würde. Reichtum, Macht, Zufriedenheit, Besitz, innere Harmonie, soziale Harmonie, Liebe, Liebe zu Gott – selbst wenn eines der genannten Dinge Glück bedeuten sollte, handelt es sich dann nicht entweder um einen dauerhaften Zustand oder aber um etwas Ephemeres, eine kurze Euphorie, der, wenn nicht die unvermeidliche Enttäuschung, so doch die Banalisierung folgt? Das Glück, wie übrigens auch der Sinn, bleibt Geheimnis, ein Schwarzes Quadrat, ein Ding an sich, etwas Unverfügbares, das zu besitzen dennoch ein unendlich verführerischer Wunsch ist.

Nur das utopische Denken schreckte nicht davor zurück, das Glück zu definieren und seine Verwirklichung zu beschreiben. Seine Sozialdoktrinen behaupteten nicht, Glücksprojekte zu sein. Gleichwohl war die Utopie der Entwurf einer Gesellschaft, in der jeder Mensch das größt-

mögliche Glück erfahren sollte. Alle Voraussetzungen dafür
– Reichtum, Macht, Zufriedenheit, Besitz, innere Harmonie, soziale Harmonie, Liebe, Liebe zu Gott – waren in einem Projekt aufgehoben. Die harmonische Gesellschaft, die
Sonnenstadt, ist dort zu suchen, wo jeder Bewohner dem
Zustand des idealen glücklichen Menschseins so nah wie
möglich kommt. Gibt es ein verführerischeres Sozialmodell
als die Gesellschaft des Glücks? Ist das Projekt der Errichtung des Glücks denn nicht die Quintessenz der geheimen
Träume der Menschheit von der idealen Ordnung? Die Versuchung, das Paradies in die Immanenz zu holen, statt es in
der Transzendenz zu lassen? Zumal ja das transzendente Paradies stets mit dem Zweifel behaftet ist, ob es überhaupt
existiert.

4

Das kommunistische Projekt in der Sowjetunion war im
wesentlichen ein russisches Projekt, und dies determinierte
die katastrophalen Folgen seiner Realisierung. Es besteht
ein direkter Zusammenhang zwischen dem Ausmaß des
Scheiterns, mit dem der Versuch zur Errichtung des Glücks
endete, und dem Ausmaß des moralischen Niedergangs des
Volkes, das diesen Versuch unternahm. Man muß wohl davon ausgehen, daß es gar kein anderes Projekt als ein russisches hätte sein können. Rationalere Völker hätten sich
wohl kaum auf ein solch grandioses und von vornherein
zum Scheitern verurteiltes Experiment eingelassen. Die chinesische, koreanische und kubanische Version zählen nicht.
Sie sind eher ein Ableger des russischen. Auch die Kolonialvölker im russischen Imperium zählen nicht, da sie ge-

zwungen wurden, gegen ihren Willen an diesem Experiment teilzunehmen.

In Rußland fiel die Idee einer Gesellschaft des Glücks auf außergewöhnlich fruchtbaren Boden. Dort gab es alles, was notwendig war, um eine so phantastische Konstruktion zu errichten: ein jungfräuliches Volk, das im wesentlichen heidnisch geblieben war, ein starkes, in der Dorfgemeinschaft wurzelndes kollektivistisches Element und ein hypertrophes, bis an die Schmerzgrenze gesteigertes Gefühl der Ungerechtigkeit, das soziale Gerechtigkeit nicht bloß wünschte, sondern nach ihr gierte.

Die Orthodoxie war in Rußland ein deklaratives Christentum geblieben. Daher gelang es den Erbauern der Utopie rasch, all die Dekorationen und Deklarationen zu demontieren. Sie behaupteten einfach, es gebe keinen Gott außer der Utopie. Die Menschen nahmen dies ohne Widerstand an. Vor allem aber ist es der russischen Orthodoxie nicht gelungen, die christliche Moral tief genug in der Gesellschaft zu verankern.

Als das Experiment begann, war in Rußland das Leben in der (Dorf-)Gemeinschaft noch die dominierende Gesellschaftsform. Der westliche Individualismus hatte lediglich einige kleine Inseln der politischen Kultur erobert und war eher ein Artefakt der russischen Kultur als ein real existierender Teil der *geheimnisvollen russischen Seele*. Und das wichtigste – das Volk, das viele Jahrhunderte in Unfreiheit gelebt hatte, sehnte sie herbei. Nein, nicht die Freiheit, sondern die Gerechtigkeit. Das Volk, das Jahrhunderte der Sklaverei durchlebt hatte, wollte die Realisierung einer höheren Form der Gerechtigkeit: daß jeder ein Recht habe auf Glück. Dieses Volk war darauf vorbereitet, die grandiose Utopie zu errichten, das Land des Glücks zu erschaffen.

Aber so ein Land kann, wenn überhaupt, nicht von unfreien Menschen erschaffen werden. Denn ihnen fehlt das moralische Fundament, so daß sich das Land des Glücks zwangsläufig in sein Gegenteil verwandelt. Freiheit ohne Moral ist möglich. Moral ohne Freiheit niemals.

Das Unglück des russischen Volks lag schon immer darin, daß der Gesellschaft eine auch nur in Ansätzen einflußreiche Schicht freier Menschen fehlte. Selbst der russische Adel war im großen und ganzen niemals frei gewesen. Formal war er frei, in Wirklichkeit aber von der Willkür des Herrschers abhängig. Übrigens konnte auch der Herrscher in einer Gesellschaft aus vollkommen abhängigen Menschen nicht wirklich frei sein. Nachdem 1861 im Russischen Reich die Leibeigenschaft abgeschafft worden war, hätte sich dies in der zweiten Hälfte des 19. Jahrhunderts langsam ändern können. Doch das halbe Jahrhundert, das Rußland bis zum Oktoberumsturz blieb, war zu kurz, als daß die Gesellschaft sich des über Jahrhunderte herangereiften Gens der Unfreiheit hätte entledigen können. Die einzige Kaste freier Menschen in Rußland waren immer die Altgläubigen gewesen. Dieses seltsame und bis zum heutigen Tag nicht ganz verstandene Phänomen der russischen Geschichte spielte eine ähnliche Rolle wie in Europa die Reformation. Den Altgläubigen, die für ihren Glauben, also für ihre Freiheit auf den Scheiterhaufen gingen, gelang es, Inselchen der Freiheit in einem Meer der Unfreiheit zu erobern. Nicht zufällig spielten sie eine große Rolle bei der Errichtung des Kapitalismus in Rußland, obwohl ihre Zahl so klein war.

Doch die wenigen Menschen, die das Gen der Sklaverei nicht in sich trugen, fielen kaum ins Gewicht, so daß schon vorbestimmt war, wie die Verwirklichung des Projekts

»Land des Glücks« aussehen würde: eine Realisierung der Triade Sklaverei, Brüderlichkeit, Gerechtigkeit. Brüderlichkeit in der Sklaverei und Gerechtigkeit als Rache an jenen, die eine solche Brüderlichkeit nicht akzeptieren.

5

Im 16. Jahrhundert schrieb Thomas Morus sein Buch über eine erstaunliche Insel der sozialen Harmonie, über eine glückliche Gesellschaft. Er nannte die Insel Utopia – den *Ort, den es nicht gibt.* Ein Jahrhundert später schrieb der Dominikanermönch Tommaso Campanella einen Traktat über das ideale Leben in der Sonnenstadt. Er verfaßte diesen Entwurf des Glücks in einem spanischen Gefängnis. Mit tauben, bei der Folter gebrochenen Fingern schrieb er Buchstabe um Buchstabe seinen Appell für eine gerechte Ordnung. Ein Mensch kann die Verwirklichung der Stadt des Glücks wohl kaum stärker wünschen, als wenn ihm maßloses Unglück widerfahren ist. Kann er sich mehr nach Gerechtigkeit sehnen, als wenn ihm äußerste Ungerechtigkeit widerfahren ist? Kein Volk, das in Unglück und Ungerechtigkeit lebt, wird sich des Traums entledigen können, eine Sonnenstadt zu errichten. Wenn ein solches Volk aber zur Tat schreitet, muß es sich bewußt sein, daß der Versuch zum Scheitern verdammt ist, denn es errichtet eine Stadt, die es nicht gibt. Die glückliche Gesellschaft ist nur ein bittersüßer Traum, eine Phantasmagorie, eine intelligible, nicht eine physische Sonne auf Erden.

Die Utopie kann nicht Realität werden. Die Illusion, die Utopie zu verwirklichen, hingegen schon. Sie kann als ästhetische Konstruktion realisiert werden, als Drehbuch ei-

ner glücklichen Gesellschaft. Die Utopie kann Stein werden, wenn sie eine Illusion von sich selbst erschafft und alle dazu zwingt, an diese Gespenster-Insel zu glauben. Die ideale Gesellschaft ist möglich, wenn der Traum stärker wird als die Realität, wenn die Gesellschaft sich in die strenge Geometrie der von ihr geschaffenen Konstruktion begibt und jeden und alles ausstößt, was sich nicht in sie einschreibt, jeden und alles, was diesem Traum im Wege steht, alles, was sie aus den süßen Träumen reißt.
*Ego me non fallo*! Ich kannte diesen Traum. Ich wurde in der Sonnenstadt der Träume geboren, in der es zwei Städte gab – eine Gesellschaft des Glücks, an die man glaubte, und die Stadt selbst. Die erste Stadt schmolz dahin, die zweite blieb als Monument des Strebens nach dem Unrealisierbaren, als grandioses Drehbuch für ein romantisches, erhabenes Stück mit dem Titel Glück. Die Utopie wurde Realität. Die *Insel, die es nicht gibt*, gibt es doch. Dafür stehen zwei Zeugen. Die Sonnenstadt und ich.

6

Wenn Sie mit dem Zug aus Europa nach Minsk reisen, empfängt Sie die Sonnenstadt mit ihrem prächtigen Torplatz. Zuvor fährt Ihr Zug zwanzig Minuten durch die Industrievororte. Sie werden kaum Fabriken sehen, weil diese dem Betrachter nur ihre langen, korridorartigen Mauern, Lagerhallen und alle möglichen sonderbaren Bauwerke zukehren. Am Torplatz liegt der Hauptbahnhof der Stadt. Einst gab es zwei Bahnhöfe. Dann erlosch die Nord-Süd-Strecke. Dafür schwoll der Verkehr auf der West-Ost-Strecke so stark an, daß der Torplatz mit seinem Bahnhof zu einem Tag und Nacht belebten Treffpunkt der Sonnenstadt wurde. Hier fahren ständig Züge von Westen nach Osten vorbei, aus Berlin, Paris, Brüssel oder Prag, unterwegs in die Hauptstadt des ehemaligen Imperiums, nach Moskau. Früher stand hier ein anderes Bahnhofsgebäude, aus den fünfziger Jahren. Als es den neuen Ansprüchen nicht mehr genügte, wurde es abgerissen und an seiner Stelle ein neuer, an eine gigantische Krake erinnernder Bau errichtet, auf dessen zahlreichen Ebenen Dutzende von rund um die Uhr geöffneten Geschäften, Cafés, Wartesälen und Restaurants untergebracht waren.

Der Platz empfängt Sie mit zwei pyramidalen Tortürmen, auf deren mittlerer Ebene an beiden Ecken die Statuen der acht Stadtwächter stehen. Die Figuren sind erst kürzlich an ihren Platz zurückgekehrt. In meiner Kindheit standen sie noch nicht auf den Türmen. Aber ich erinnere mich, daß sie mich dennoch mit ihrer Anwesenheit erschreckten, wenn wir an schwülen Sommertagen ziellos durch die staubigen Ecken der Sonnenstadt zogen. Einige von ihnen lagen, auf die Seite gewälzt, zwischen den riesigen Bögen, die den Platz mit dem Park verbinden, der im Hof hinter den Türmen liegt. Über den Bögen hingen rußschwarze, gußeiserne Schilder mit Flachreliefs von Lokomotiven mit dem fünfzackigen Stern in der Mitte. Die Lokomotive war schon immer ein Symbol für das Land des Glücks gewesen. In vielen Filmen meiner Kindheit fliegt sie riesig über die ganze Leinwand der lichten Zukunft entgegen, und vorne leuchtet der rote, fünfzackige Stern. Früher stand sogar in einem der Parks hinter dem Turm eine große Kinderlokomotive mit Waggons aus Metall. Doch wir waren selten in diesem Park. Meistens saßen dort irgendwelche Onkel und tranken aus großen Flaschen. Die Lokomotive war übersät von Zigaret-

tenkippen und Korken, ein richtiger Metallteppich um die Waggons herum. In meiner Kindheit hingen über den Bögen noch keine Metallnetze. Die wurden dort erst später an der dem Platz zugewandten Fassade des Palasts angebracht, als der reichverzierte Stuck abzubröckeln begann. Manchmal fiel er einem Passanten auf den Kopf. Vielleicht war es das, wovor das Schild am ersten Tor zum Land des Glücks warnte.

Vom Torplatz führen fünf Straßen in die Tiefe der Stadt. Die erste geht zum Leninplatz, genauer zu seinem Anfang, zur Westseite. Die zweite führt zur Karl-Marx-Straße, benannt nach dem Propheten, der das *Kapital* schuf, das heilige Buch der glücklichen Gesellschaft. Die dritte führt zur Kirow-Straße. Kirow war ein Held, der ein Metaphysikus werden wollte, aber vom Metaphysikus Stalin in Leningrad ermordet wurde, der zweiten heiligen Stadt im Land des Glücks. Die vierte Straße führt zu dem riesigen Amphitheater des Sportpalastes. Seine Arkaden sind imposant, aber nicht so hoch wie die des Kolosseums in Rom. Dafür befindet sich über jedem zweiten Bogen des Amphitheaters ein rundes Schild mit der Darstellung eines Athleten. An heiteren Sonnentagen tummeln sich ihre antiken Körper in den Wolken, die über die Stadt ziehen. Die fünfte Straße führt aus der Stadt hinaus in die Fabrikvororte, wo eine andere Stadt beginnt, die der Betrachter nicht sehen soll, wenn er ins Land des Glücks reist.

## 7

Die Geschichte der Sonnenstadt begann lange, bevor das Land des Glücks auftauchte. Seltsamerweise zur gleichen Zeit, als Thomas Morus am anderen Ende Europas seine

Utopie schuf, sein Buch schrieb über das Glück in dem Land, das es nicht gibt. Zur gleichen Zeit nahmen in einem Land, das es schon gab, Ereignisse ihren Lauf, die das Territorium für die Errichtung der zukünftigen glücklichen Gesellschaft bereinigten.

Dieses Land hieß Großfürstentum Litauen, benannt nach dem hiesigen alten Stamm der Litauer, der auf einem Gebiet nordöstlich der zukünftigen Sonnenstadt siedelte. Dort wurde Nowogrudok gegründet, die erste Hauptstadt des Fürstentums, die später nach Vilnius, der zweiten heiligen Stadt des Landes, verlegt wurde.

Am Anfang dieser Geschichte steht der Krieg. Kriege gab es viele, davor und danach. Aber dieser Krieg war anders. Er kam von Osten über die Länder des Großfürstentums Litauen, dauerte dreizehn Jahre, verwandelte die Städte in Ruinen und kostete jeden zweiten Bewohner des Landes das Leben. In den östlichen Gebieten gab es Orte, an denen von zehn Bewohnern nur drei überlebten. Die Kriege mit Moskau, der Stadt am schmutzigen Wasser, zogen sich über anderthalb Jahrhunderte hin. Sie begannen 1492 und dauerten mit Unterbrechungen dreißig Jahre. Dieser Krieg war der achte. Moskau hatte ihn begonnen, als Litauen nach den Kosakenaufständen und dem großen dreißigjährigen Krieg mit dem Nachbarn im Norden erschöpft darniederlag. Gleichzeitig herrschte im Land Bürgerkrieg. Viele waren für eine Union mit dem Nachbarn und hielten den Krieg für einen fatalen Fehler, der die Kräfte für den Kampf mit dem Hauptfeind schwächte. Die Ereignisse jener Zeit werden von der Geschichtsschreibung »Sintflut« genannt. Für das Fürstentum waren sie wirklich eine Sintflut – eine nicht wiedergutzumachende Katastrophe, die dem Land den Tod brachte.

Bis zu diesem Zeitpunkt war das Großfürstentum Litauen ein sehr wohlhabender Teil Europas gewesen – ein riesiges Land, das sich von der Ostsee bis zum Schwarzen Meer erstreckte. Hier lebten viele Völker, die in vielen Sprachen redeten. Hier existierten viele Religionen – fast alle, die es damals in Europa gab – friedlich nebeneinander. Das Land glich einem Imperium und war doch keines. Es hätte ein Imperium sein können, doch es wurde eine »Demokratie«, eine Völkerherrschaft. Dies war es, was es zu guter Letzt zerstörte.

Das Unglück des Großfürstentums Litauen begann im 16. Jahrhundert, als das Fürstentum Moskau, das zukünftige Reich des Bösen, das Tatarenjoch abgeworfen hatte, wiedererstarkt war und nach Westen vorrückte. Es folgten zwei Jahrhunderte voller langwieriger, erschöpfender Kriege. Im Jahr 1569 schloß das Großfürstentum Litauen, ausgelaugt von sechs Kriegen mit Moskau, eine Union mit dem Königreich Polen, um gemeinsam dem Ansturm aus dem Osten zu widerstehen. Ein neuer Staat entstand, die Rzeczpospolita – eine Union der beiden Länder und ihrer Völker, die später brüderlich zweihundert Jahre Kolonialgeschichte teilten.

Das 17. Jahrhundert war der Anfang vom Ende des Großfürstentums. Die Kriege mit Moskau und dem Königreich Schweden überrollten das Land von zwei Seiten. Zu Beginn des Jahrhunderts wurde Sigismund der Dritte aus der Dynastie der Wasa zum König erkoren. Er fing einen Krieg gegen den nördlichen Nachbarn an, um den schwedischen Thron zurückzuerobern, von dem er in seiner Heimat gestürzt worden war. Und im Jahr 1654 folgte jener schreckliche Krieg, der das Land die Hälfte seiner Einwohner kostete und es in ein Ruinenfeld verwandelte. Die Titanic, die sich zwischen zwei Meeren erstreckte, lief auf Grund, nachdem in zweihundert Jahren neun Löcher in ihren Rumpf gebohrt worden waren, neun Kriege, von denen einer tödlich war.

## 8

Als Kind erschreckten mich die riesigen freien Flächen der Sonnenstadt. Nicht, daß ich Angst vor ihnen gehabt hätte, aber sie waren von allen Seiten von einem für mich unverständlichen Gefühl der Gefahr durchweht. Vielleicht lag es an der besonderen Perspektive eines kleinen Menschen. Wenn dein Horizont nicht auf einem Meter siebzig, sondern auf siebzig Zentimetern liegt, kann ein Gegenstand, der Erwachsenen normal erscheint, dir bedrohlich vorkommen. Wenn man erst sechs Jahre alt ist und inmitten dieser riesigen freien Flächen unter der brennenden Sonne steht – und in dieser Stadt brennt die Sonne immer sengend, schließlich sind es bis zum nächsten Schatten, in den man sich flüchten kann, nicht zehn Schritte, sondern viel, viel mehr – erfaßt einen ein Gefühl der Unruhe. Du spürst, daß dein Körper eine vernachlässigbare Größe auf dieser riesigen Fläche ist, unter dem durchdringend blauen Himmel, an dem langsam und erhaben seltsam deformierte Göttergestalten wie Apoll, Venus und Amor, gigantische Pferdeköpfe, Kaneluren und antike Vasen dahinziehen. Ab und zu, wenn die Sonne, die Wolke und die Fläche, auf der du stehst, in eine Linie geraten, gleitet ein riesiger Schatten über den Platz. Du siehst, wie er zuerst an den Wänden der Gebäude weit hinten, am anderen Ende des Platzes erscheint, wie er dann herunterkriecht und sich langsam auf dich zu

bewegt und dabei das ausgeblichene Ocker des Asphalts grau färbt. Einen Augenblick später hat er dich erreicht, für eine Weile schwindet die Hitze, das Atmen fällt leichter, aber einen Augenblick später kehrt die Sonne in der Reihenfolge zurück, in der der Schatten erschienen ist, und du stehst erneut in der sengenden Sonne unter dem abgrundtiefen blauen Himmel.

Der Sommer kam immer plötzlich in unsere Stadt. Er erschien unmittelbar nach dem langen Winter und verdrängte den kurzen Zwischenraum, der gewöhnlich Frühling genannt wird. Tatsächlich gab es in dieser Stadt nur zwei Jahreszeiten. Der Winter, der Ende Oktober begann und mit ranzigem grauen Schnee bis Anfang April über der Stadt lag, und der Sommer, der mit strontiumfarbenem Gelb Anfang Mai einbrach und bis Ende September in Kadmium und Ocker schillerte. Was zwischen ihnen lag, diese wenigen Wochen der Unbestimmtheit, konnte man Frühling und Herbst nennen.

Über der Sonnenstadt spannte sich ein erstaunlicher Himmel. Ich mochte es, wenn er von tiefem, sattem Kobalt war. Dann zogen die zahllosen weißen Statuen der Wattegötter erhaben dahin, sie harmonierten verblüffend mit der Architektur dieser Stadt, mit den leeren Kolonnaden korinthischer Säulen, mit den prächtigen Bögen und Obelisken, die einen mir nicht gänzlich verständlichen sakralen Sinn hatten. An solchen Tagen war die Stadt voller Kontraste und Schatten. Nirgendwo habe ich solche Schatten gesehen wie in der Sonnenstadt. Die Fläche jeder beliebigen europäischen Stadt ist zu klein, zu vollgestellt, als daß sich das Relief der Schatten so deutlich abzeichnen könnte. In der Sonnenstadt rissen sich die Schatten los und führten ein wahres Feenspiel graphischer Tänze auf, deren Freiheit nicht wie in den von der Architektur ermüdeten europäischen Städten von der Übersättigung der Fläche gezügelt wurde.

Viele Jahre später, als ich Künstler geworden war, begann ich die Gemälde von de Chirico und Dalí zu lieben. In ihren Bildern fand ich etwas, das mit meinen trüben Kindheitserinnerungen harmonierte, mit den Erinnerungen eines kleinen Jungen, der auf einem Platz in der sengenden Sonne steht, allein zwischen den tanzenden Schatten dieser seltsamen Stadt.

Es gab aber auch Tage, an denen der Himmel nicht Kobalt trug, sondern sich in einen grau-ultramarinen, unerklärlichen Dunst verwandelte, als umspannte eine halbdurchsichtige, trübe Folie die Stadt. Die Sonne durchstieß sie, warf aber keine Schatten. Es gab sie wohl schon, sie waren aber verwaschen, unbestimmt. An solchen Tagen fiel das Atmen schwer. Die Luft war feucht und zäh, und diese klebrige Masse bedeckte die Stadt wie Smog. An solchen Tagen erforderte jede geistige oder körperliche Regung doppelte Anstrengung. Erleichterung stellte sich erst ein, wenn die Sonne hinter dem Horizont verschwand und die Stadt sich in die erfrischende Kühle der Nacht senkte.

An seltenen Tagen war der Himmel über der Sonnenstadt vollkommen wolkenlos, wie man ihn wohl in Spanien sieht. Im Norden und Süden, im Westen und Osten war die Stadt von unzähligen Sümpfen umgeben, die für ein sehr spezifisches Klima sorgten. Die Luft war fast immer feucht, und jede Hitze oder Kälte war schwerer zu ertragen als große Hitze am Meer oder große Kälte tiefer im Kontinent.

# 9

Zu Beginn des 18. Jahrhunderts war wieder Krieg. Er dauerte zwanzig Jahre und kostete jeden dritten Bewohner des Landes das Leben. Dieser Krieg war der sinnloseste aller Kriege, die auf dieser Erde geführt wurden. In ihm war jener Feind, der Verbündeter hätte werden sollen, und Verbündeter jener, der in allen anderen Kriegen der Feind gewesen war. Viele hatten das verstanden, daher spaltete sich das Land. Auf den Decks des sinkenden Kolosses war ein fröhlicher Brudermord im Gange. Das Land starb, verwandelte sich in eine Ruine, verlor seine Kräfte, sein Leben, seine Städte. Die Koalition gegen die Schweden gewann den Krieg, doch dieser Sieg für Polen und das Fürstentum Litauen kam einer Niederlage gleich. Die ausgelaugte Rzeczpospolita wurde wehrlos gegenüber dem Imperium im Osten. Die Tage bis zur vollkommenen Niederlage waren gezählt, die Katastrophe war unausweichlich.

In der zweiten Hälfte des 18. Jahrhunderts begannen die Teilungen der Rzeczpospolita zwischen dem Imperium im Osten, dem Imperium im Süden und dem Königreich Preußen. Dem Land, das selbst zum Imperium werden und sich so hätte erhalten können, aber zur »Demokratie« wurde, bevor deren historische Stunde geschlagen hatte, diesem Land fehlte die Kraft, seine Teilung aufzuhalten. Der Aufstand unter Tadeusz Kościuszko konnte den einmal in Gang gesetzten Mechanismus des Schicksals nicht aufhalten. Die zweihundertjährige Kolonialgeschichte der Völker der Rzeczpospolita beginnt.

## 10

Wenn Sie mit dem Auto von Europa nach Minsk fahren, auf der Strecke Berlin–Moskau, sehen Sie als erstes den Kranz der Schlafstädte. Um an die Grenze der Sonnenstadt zu kommen, muß man zwölf Kilometer durch eine Bebauung fahren, die in jeder Großstadt der Welt mehr oder weniger gleich aussieht.

Die Sonnenstadt empfängt Sie mit dem gigantischen Leninplatz. Er ist so riesig, daß man eine ganze Kleinstadt auf ihm errichten könnte. Der Bus, mit dem ich von der Schule nach Hause fuhr, hielt dort dreimal. Die erste Haltestelle war direkt an der Westecke. Dann rollte man diagonal über den Platz. Die Busse auf dieser Linie waren alter Bauart und erinnerten an einen Katafalk. Zu jener Zeit dienten im Land des Glücks ausschließlich Busse als Katafalk. Das war das bequemste, es gab noch sehr wenige Autos, und in einen Bus paßte eine ganze Trauerprozession. Nachdem unser Bus die Westseite und die Hälfte der Südseite des Platzes abgefahren hatte, hielt er ein zweites Mal an dem hohen Durchgang eines langen, grauen Gebäudes, durch den eine kleine Seitenstraße zum Torplatz führte. Danach setzte er seine Fahrt über den Platz fort und hielt auf der anderen Seite an einer roten, pseudoromanischen Kirche. Anschließend fuhr er feierlich zurück zu der Straße, von der er auf den Platz gekommen war, und entfernte sich.

Das wichtigste Gebäude auf dem Platz ist das Ensemble des Regierungspalasts, das der Architekt Iosif Langbard in den dreißiger Jahren des vorigen Jahrhunderts erbaut hat. Der Palast begrüßt Sie mit Hunderten rechteckiger Augen von strenger Regelmäßigkeit. Dies ist der Suprematismus der Macht, die alles über Sie weiß. Selbst wenn Sie nur ein un-

verhoffter Passant sind, der sich zufällig in die Sonnenstadt verirrt hat. Die Geometrie des Palasts wird von einem schwarzen Lenindenkmal vollendet. Lenin schaut über den Platz, dorthin, wo die winzigen Passanten vorübergehen. Auf diesem Teil des Platzes sind nur wenige Menschen, hier gibt es keinen Ort, zu dem sie unterwegs sein könnten.
Was sich auf diesem Platz befindet – die Gebäude zweier Universitäten, der Postpalast, die Stadtregierung –, all das steht unter der Leitung von Weisheit, einem der drei Mitherrscher des Metaphysikus. Die konstruktivistischen Fassaden der Paläste fallen etwas heraus aus dem barocken Empirestil der Stadt, aber das liegt daran, daß viele von ihnen früher gebaut wurden, als im Land des Glücks der aufrichtigere Stil des strengen Konstruktivismus herrschte und der sozialistische Realismus noch nicht seine dekadenten Formen angenommen hatte. Damals wurden lediglich die Konstruktionen errichtet, die Ornamente kamen später hinzu.
Am Platz der Weisheit beginnt der Prospekt – die wichtigste Straße der Sonnenstadt. Wie eine breite Startbahn führt er nach Osten. Nach Westen geht eine Straße ab, die zum Palast der Luftfahrt führt, dem alten Flughafen direkt an der Stadtgrenze. Heute gibt es zwei Flughäfen. Der neue wurde Ende der siebziger Jahre fünfzig Kilometer östlich der Stadt erbaut. Heute landen nur wenige Flugzeuge in Minsk, nicht mehr als zwei Dutzend am Tag. Sollte eines von ihnen Sie aus Europa hierherbringen, so werden Sie zuerst das riesige, menschenleere Gebäude des neuen Flughafens sehen, von dem aus Sie über eine ebenso leere, aber sehr breite Straße der Sonnenstadt entgegenfahren. Sie fahren von Osten in sie hinein. Doch das ist nicht richtig. Jeder Betrachter sollte von Westen in die Stadt fahren.

## 11

Als Kind mochte ich die Sonnenstadt nicht. Zwar wohnten wir in der Lomonossow-Straße und damit auf ihrem Territorium, aber unser Haus lag bereits in den sentimentalen Randgebieten der Stadt, hinter denen ein ganz anderes Minsk begann. Einige hundert Meter entfernt erstreckte sich ein Viertel, das Selchosposelok hieß – LPG-Siedlung. Es hatte wirklich etwas Bäuerliches. Kleine Holz- und Ziegelhäuser mit Gärtchen und Ackergrundstücken, Labyrinthe kleiner Straßen. Es hieß, dort lebten Zigeuner, und überhaupt sei es gefährlich hinzugehen, denn außer den Zigeunern gebe es dort noch alles mögliche andere kriminelle Gesocks. Mir scheint, das waren bloß Gerüchte, auf jeden Fall fühlten wir uns von dieser Nachbarschaft nicht bedroht und gingen im Winter gern zum Schlittenfahren auf den riesigen Hügel, der sich unmittelbar neben der LPG-Siedlung erhob. Wobei es gut sein kann, daß dort wirklich Zigeuner lebten. Von Zeit zu Zeit fuhren aus den engen Strässchen der Siedlung schwarzbraune Männer auf Pferdefuhrwerken geschäftig in Richtung Stadtrand.

Unser Haus war kein Palast, sondern ein gewöhnlicher Wohnblock, wie es sie in dieser Stadt zu Tausenden gibt. In unserem Viertel standen zwar noch Volkspaläste, aber es waren nur wenige. Die Sonnenstadt hörte hier bereits auf, weshalb die Paläste, die sich hierher verirrt hatten, nicht so pompös waren wie jene auf dem Prospekt. Dafür befand sich nicht weit von meinem Haus eine prächtige Stuckmauer. Sie gehörte zu einem riesigen Militärgelände, an dem unsere Straße abrupt endete. Als Kind kam mir die Mauer sehr lang und sehr hoch vor, sie zog sich über einen halben Kilometer an der Straße entlang. Alle zwanzig Kinderschritte wurde sie von einer Figur auf einem Sockel unterbrochen, den eine unregelmäßige Reliefkugel zierte. Ich wußte nicht, wie dieses Element heißt, aber es sah aus wie ein Kohlkopf aus Gips. Hinter der Mauer ragten die Spitzdächer länglicher, gelber Kasernen empor. Von dort schallten immerzu Soldatenlieder herüber. Als kleine Buben rannten wir zu der Mauer, um die Lieder zu hören. Natürlich wollten wir sehen, was dort passierte, aber die Sockel mit den Kohlköpfen waren so hoch, daß wir nur lauschen konnten, wie sich Hunderte Füße auf der anderen Seite an ihnen vorbei bewegten und dabei einen regelmäßigen Rhythmus stampften. Manchmal trampelten die Füße parallel zu der Mauer, manchmal entfernten sie sich, manchmal näherten sie sich. Von Zeit zu Zeit wurde das freundliche Trampeln von einem gellenden Schrei unterbrochen: »Kom-pa-nie – singen!« Dann erscholl es hinter der Mauer mit Hunderten Stimmen: »Es geht ein Soldat durch die Sta-aa-aadt, er kennt nicht die Stra-aa-ße, vom Lächeln der Mä-ää-ädchen, ist die Stra-aaa-ße ganz hell! ...«

Gleich hinter der Mauer begann die Straße, die zum Prospekt führte und durch die wir in das *Gastronom* gingen. In unserer Stadt hießen aus irgendeinem Grund alle Lebensmittelgeschäfte Gastronom, obwohl die Auswahl in keiner Weise diesem erhabenen Namen entsprach. Zwar wurde die Sonnenstadt unvergleichlich besser mit Proviant versorgt als andere Städte im Land des Glücks. Bei uns gab es fünf, sechs Wurstsorten im Regal. Vielleicht nannten sich die Geschäfte deswegen so stolz Gastronom. Schließlich gab es Städte, in denen man überhaupt keine Wurst kaufen konnte, deshalb hießen die Geschäfte dort einfach *Produkty* – »Lebensmittel«.

Alle Gastronom-Geschäfte in der Stadt, außer jenen auf

dem Prospekt, ähnelten einander. Gewöhnlich waren es längliche Boxen, eine Wand war weiß gekachelt, die andere war aus Glas und schaute mit großen Augen auf die Stadt. Zwischen den Kacheln und der Scheibe standen in Reih und Glied Glasvitrinen, deren Form an ein Klavier erinnerte. Nur befanden sich dort anstelle der Tasten Kübel mit Heringen, Würste, oder Büchsenpyramiden. Vor den Klavieren mit den Würsten drängten sich immer Menschen, die, sobald es Defizitware gab, nervös wurden und schrieen: »Nicht mehr als ein Kilo pro Person! Wohin willst du, du Penner? Hier stehe ich! Davon weiß ich nichts, hinter dieser Frau stehe ich!« Mich interessierte der Inhalt der Regale wenig. Wir gingen ins Gastronom, um Eis zu kaufen und Limonade, die Buratino hieß.

Neben den Gastronom-Geschäften stand meist ein weiteres Objekt, das uns magisch anzog – ein Mineralwasserautomat. Wir rannten dorthin, um für drei Kopeken Wasser mit Sirup zu trinken. Die Automaten sahen aus wie die Mojdadyre* aus den Kinderbüchern. Mit erhobenen rechteckigen Köpfen standen sie zu zweit oder in Dreier- oder Vierergruppen auf der Straße. Ihre erstaunt geöffneten Mäuler starrten mich immer tumb an, wenn ich auf sie zuging, meine Hand in den trapezförmigen Schlund steckte und drei Kopeken in den Rachen warf. Der Kopf überlegte einige Augenblicke, dann füllte er mit einem leichten Brausen wie von Flugzeugturbinen das Glas mit Mineralwasser. Manchmal überlegte der Kopf lange und blickte drein, als verstünde er nicht, was man von ihm wollte. Dann mußte

---

* Mojdadyr, zu *moit'*, waschen, heißen bei dem berühmten Kinderbuchautor Kornej Tschukowski die Waschbecken, die zum Leben erwachen und die Kinder verfolgen, die sich nicht waschen wollen. (Anm. d. Übers.)

man die Finger zur Faust ballen und ihm mit aller Kraft eins in die erstaunte Fresse knallen. Meistens half das, und in das Glas schäumte das kalte Wasser mit den kitzelnden Bläschen, das besser schmeckte als alles andere auf der Welt.

12

Weiter als bis zum Gastronom kam ich selten, zum Prospekt war es noch mehr als ein Kilometer, und den gingen wir nur, wenn wir einen interessanten Film sehen wollten, der in unserem Kino nicht lief. Das nächste lag auf dem Prospekt, beim Platz der Liebe, in einem Park, der zu Ehren der Bezwinger des Nordpols Tscheljuskinzew-Park hieß. Wir liebten Kino. Die Filme, die in dunklen Sälen von alten, mechanischen Projektoren abgespielt wurden, öffneten uns die Welt. Dort sah man, was im Fernsehen selten gezeigt wurde: die amerikanische Prärie mit Cowboys und Indianern, Fantômas, wie er über Paris fliegt, alte Schlösser, den Mann mit der Maske und *Angélique, Marquise des Anges*. Aus dem Fernsehen erfuhren wir eher, was man über das Land des Glücks wissen mußte.
Das Kino hieß »Regenbogen« und befand sich in einem Holzhaus, das mit schwülstigem Schnitzwerk verziert war. Der kleine Kinosaal mit den hölzernen Reihen automatisch zurückklappender Sitze roch nach dem Moder alter Häuser. Wenn jemand den Saal während der Vorstellung verließ, ertönte, noch bevor durch die direkt in den Park führende Seitentür Licht in das Dunkel fiel, ein charakteristisches Klopfen, als wäre ein schwerer Gegenstand auf den Holzboden geschlagen. Das »Regenbogen« befand sich ganz am Anfang des Parks, der sich viele Kilometer bis zu den Vorstäd-

ten hinzog. Direkt hinter dem Kino begann ein Wäldchen mit hohen Kiefern, deren Kronen zu einer einzigen grünen Wolke verschmolzen. Unten, zwischen den alten Stämmen, kam man sich vor wie in einem Spiegelkabinett. Die Stämme wiederholten sich unzählige Male, wurden immer kleiner und verschwanden in der Tiefe des dunklen, ockerfarbenen Raums.

Neben dem Kino führte eine Allee zu einem Riesenrad. Der gigantische, sich drehende vertikale Eisenring mit Beobachterkabinen sah aus wie die große aufgehende Sonne im Wappen des Lands des Glücks. Bis die Achterbahnen auftauchten, war ein solches Teufelsrad, wie es bei uns hieß, die Hauptattraktion in jedem Park. Die Metallstrahlen mit den Gondeln am Ende erhoben sich majestätisch über die grünen Wolken der *Paradiesgärten* der Stadt und drehten sich wie zwölf schleichende Sekundenzeiger im Zifferblatt einer gigantischen Uhr.

Der Tscheljuskinzew-Park hatte jedoch einen schlechten Ruf, und wir fürchteten uns, tiefer hineinzugehen. Man sagte, dort treibe eine Bande ihr Unwesen, die Mädchen vergewaltige und sie dann umbringe, um aus ihnen Fleischpiroggen zu machen. Daher brachen wir, wenn wir in der Stadt Piroggen mit Hackfleisch kauften, diese immer zuerst auf und schauten nach, ob kein langer lackierter Fingernagel drin war. Das war natürlich Quatsch, genau wie die Geschichte mit der schwarzen Hand, die durch die Stadt fliegt und in dunklen Hofeinfahrten wahllos Passanten umbringt, oder die Geschichte vom Syphilisneger, der seinen Schwanz in die Gläser der Mineralwasserautomaten steckt. Aber als Kinder glaubten wir diese Dinge. Übrigens war der Tscheljuskinzew-Park tatsächlich ein übler Ort, an dem ständig jemand vergewaltigt und umgebracht wurde.

In unserem Hofeingang wohnten vor allem jüdische Familien. Vor der Revolution stellten die Juden die Hälfte der Bevölkerung von Minsk, und es gab nicht weniger Synagogen als katholische und orthodoxe Kirchen. Dann kam der Krieg. Es gab aber immer noch Viertel in der Stadt, in denen ich auf der Straße überall das sehr spezifische Deutsch hören konnte. In meiner Kindheit verstanden und sprachen noch viele Jiddisch. Natürlich waren meine ersten Freunde Juden – auch meine erste Kindergartenliebe. In unserem Haus lebten auch andere Nationalitäten. Weißrussen, Ukrainer, Russen, Polen und sogar Tataren. Im wesentlichen gehörten sie zur Intelligenzija der Sonnenstadt: Ingenieure, Ärzte, Lehrer. Proletarier, Menschen, die in den Fabrikvororten arbeiteten, gab es bei uns kaum.

Ich kannte die Bewohner unseres und des benachbarten Hofeingangs gut. Die Leute, die am anderen Ende des Häuserblocks wohnten, waren mir fremder. Ich erinnere mich an eine Hausmeisterin, die bei uns den Hof kehrte. Sie hatte einen mongoloiden Sohn, einen großgewachsenen Kerl, der immer in seltsamen Hosen mit offenem Schlitz über den Hof ging. Außerdem wohnten dort noch zwei fromme Alte mit schwarzen Kopftüchern, die herrenlose Katzen auflasen. Gewöhnlich lebten bei ihnen mindestens zehn schnauzbärtige, gestreifte, flaumige oder kahle Vaskas, Mursiks, Goschs und Innokentijs mit und ohne Schwanz.

Ich wohnte mit meiner Mutter und meiner Großmutter zusammen. Meine Mutter war Programmiererin und arbeitete mit den Rechenmaschinen, die damals gerade erst im Land des Glücks auftauchten. Die Technik wandelte sich schnell, deshalb ging meine Mutter ständig nach der Arbeit zu

Fortbildungen. Außerdem war sie Kommunistin, und als Frontkämpferin der Partei, als Lektorin der Erwachsenenbildungsorganisation »Wissen« und Aktivistin der Parteigruppe hielt sie abends vor Proletariern Vorträge über den Kommunismus, den Marxismus-Leninismus und über die gegenwärtige Lage im Lichte der Beschlüsse des letzten Parteitages. Auch meine Großmutter arbeitete lange, so daß ich schon recht früh lernte, allein zu Hause zu bleiben und mir verschiedene interessante Beschäftigungen auszudenken.
Davon gab es eine ganze Menge. Fernsehen zum Beispiel. Meine Mutter sagte immer: Du schaust zuviel fern – und überhaupt, setz dich nicht näher als drei Meter dran, sonst verdirbst du dir die Augen. Die Augen habe ich mir dennoch verdorben, schon in der ersten Klasse hatte ich eine Brille auf der Nase. Ich schaute mir alles an, was im Fernsehen lief. Filme und Dokus, Nachrichten, Parteitage, Auftritte des Metaphysikus, *Gasthaus »Zwölf Stühle«*, das Sandmännchen, Sendungen über die Landwirtschaft, die Wettervorhersage, Fernsehaufzeichnungen klassischer Opern, *Die Welt der Tiere*, Eiskunstlauf, *Der Kinoklub*. Nur Eishockey sah ich mir nicht an. Das deprimierte mich aus irgendeinem Grund.
Ich kann nicht sagen, daß ich all das immer aufmerksam und mit Interesse angeschaut hätte, der Fernseher war eben einfach immer eingeschaltet. Ich fühlte mich unwohl in der Stille des leeren Zimmers, und der Fernseher öffnete ein Fenster in eine andere Welt, eine Parallelwelt, die durch ihre Präsenz beruhigte und aufheiterte. Um so mehr, als ich bei laufendem Fernseher allerlei andere spannende Dinge tun konnte. Ich hatte eine ganze Sammlung von Baukästen und steckte alles Mögliche zusammen, was die Phantasie hergab. Am liebsten baute ich Städte. Wenn die Steckelemente nicht

ausreichten, nahm ich alles, was mir in die Finger kam. Bücher, Schachteln, Fläschchen, kleine Vasen, Würfel, Knete, Papier, Schachbretter. Wenn die Stadt gebaut war, besiedelte ich sie mit Plüschbären, Plastikhasen, Schachfiguren, Zinnsoldaten – und dann begann der Krieg. Manchmal gab es zwei Städte, dann kämpften sie gegeneinander. Wenn es nur eine Stadt gab, dann wurde sie von Gummihunden und leeren Parfümflaschen überfallen, und die Plüschbären und Plastikhasen verteidigten sie. Früher oder später ging die Stadt unter. Wenn sie besonders schön geraten war, dann konnte sie einige Tage Widerstand leisten, aber sie mußte gleichwohl untergehen, selbst wenn die Parfümfläschchen sie nicht besiegten. Eine fertige Stadt interessierte mich nicht mehr. Ich wollte sie abreißen und eine neue bauen.

## 14

Ich wollte nicht Astronaut werden. Und auch nicht Pilot. Obwohl viele Jungs in unserer Stadt davon träumten. Schließlich verteidigten die Piloten unser Land gegen die Feinde. Und die Astronauten waren damals sowieso Helden. Immer wenn einer ins All flog, war Feiertag. Ich erinnere mich, wie im Fernsehen das Programm unterbrochen wurde und über den ganzen Bildschirm der Kopf des Sprechers erschien. Mit feierlicher Stimme verkündete er wie gestanzt: ACHTUNG! ACHTUNG! SONDERMITTEILUNG DER SOWJETISCHEN PRESSEAGENTUR! HEUTE WIRD EIN KÜNSTLICHER SATELLIT MIT EINEM MENSCHEN AN BORD IN DEN INTERPLANETAREN RAUM GESCHOSSEN! Das ganze Land strömte an die Fernseher und erstarrte. Der Sprecher teilte

weitere Einzelheiten mit – wie das Raumschiff hieß, über die Astronauten, die es steuerten.

Später, um neun Uhr abends, wurde in den Nachrichten eine Aufzeichnung von der Raumstation gezeigt. Auf dem Bildschirm erschien der trübe Innenraum der Kapsel. Darin schwammen die Astronauten. Sie sahen ein bißchen aus wie Fische, oder eher wie Amphibien aus dem Film *Der Amphibienmensch*. Sie schwammen dicht an die Kamera heran und sagten lächelnd etwas zu den Erdlingen. Die Verbindung mit dem Orbit war schlecht, weshalb man sehr angestrengt hinhören mußte, um etwas zu verstehen. Die Amphibien sagten, der Flug verlaufe normal, und heute hätten sie Experimente mit irgendwelchen Pflanzen und Eintagsfliegen durchgeführt. Zur Veranschaulichung erschien ein Topfgummibaum in der Hand des Astronauten, den die Hand, wahrscheinlich ebenfalls zur Veranschaulichung, von Zeit zu Zeit losließ. Dann glitt der Topf mit dem Gummibaum langsam an den oberen Rand des Fernsehers.

Wir verfolgten den gesamten Flug, jeden Tag, den die Astronauten im All verbrachten. Wenn sie zurückkamen, erschien auf dem Bildschirm wieder der Kopf des Sprechers und erklärte, daß der Flug normal verlaufen sei. Die Astronauten seien schon auf der Erde. Ein, zwei Tage später flogen sie mit einem Sonderflugzeug aus Baikonur nach Moskau. Beim Aussteigen aus dem Flugzeug wurden sie höchstpersönlich von Macht, Weisheit oder Liebe empfangen. Manchmal kamen alle drei. Früher, nach den ersten Flügen, kam der Metaphysikus selbst. Ich erinnere mich an den allerersten Empfang, den von Gagarin. Ich war damals noch nicht auf der Welt, aber er wurde oft im Fernsehen wiederholt. Gagarin fuhr in einer offenen Limousine durch die Stadt, Millionen von Menschen säumten die Straßen. Er lächelte und winkte.

Sie jubelten ihm zu. Über den ganzen Bildschirm flogen von oben nach unten kleine weiße Rechtecke, die wie ein feierlicher Konfettischnee die Straßen bedeckten, durch die er fuhr. Ich liebte Gagarin. Aber aus irgendeinem Grund wollte ich doch kein Astronaut werden. Ich wollte Künstler werden.

15

Als Kind machte mir die Sonnenstadt mit ihrer unverständlichen Schönheit angst. Erst später, als ich dekadent wurde, eröffnete sich mir der geheime Sinn ihrer Schönheit. In meiner Kindheit liebte ich Njamiha. Es war das Zentrum des alten Minsk, seine Seele und sein Leib, das Bett, in das sich von Norden, Westen und Osten die Zuflüsse der alten Vorstädte ergossen. Im Süden grenzte Njamiha an die Sonnenstadt, die mit jenem Teil des Prospektes über ihr hing, der vom Leninplatz am Palast der Staatssicherheit vorbei zum Metaphysikus-Platz führte. Einst floß hier der Fluß Njamiha. Der Name kommt aus dem Litauischen: *nemiga* bedeutet *Schlaflosigkeit* oder *die, die nicht schläft*. Die Stadt entstand an der Schlaflosigkeit, einem Fluß, der sich, als das Imperium hierherkam, unter der Erde versteckte und zu einem unterirdischen Gewässer wurde. Damals trocknete er vor Kummer aus. Der Fluch der blutigen Ufer, der schon acht Jahrhunderte über ihm gelegen hatte, erfüllte sich. Er wurde in ein Rohr gezwängt und unter die Stadt verbannt. An den Ufern der Schlaflosigkeit wuchs das Viertel Njamiha.
Als Kind war ich oft in Njamiha. Bevor ich gelernt hatte, allein zu Hause zu bleiben, bevor ich mir die Baukästen und die Kommunikation mit dem Fernseher angeeignet hatte,

nahm mich meine Mutter oft mit zur Arbeit. Sie war Leiterin der Computerabteilung in einer großen Schuhfabrik, die hier in Njamiha lag. Ich ging furchtbar gern mit, nicht nur weil ich Süßigkeiten zugesteckt bekam, sondern auch wegen der vielen fesselnden Dinge, die es zu sehen gab.

Die Computerabteilung sah aus wie eine kleine Werkhalle, überall standen große Metallschränke, in denen sich rund um die Uhr Magnetbänder auf Spulen drehten. Die Schränke führten Buch über die fertige Produktion und den Materialverbrauch und berechneten den Lohn für die Arbeiter der Fabrik. Dieser riesige Urzeitcomputer belegte eine ganze Etage des alten Hauses. Wenn ich zwischen den geheimnisvollen, leise surrenden riesigen Schränken herumlief, versuchte ich mir vorzustellen, was in ihrem rätselhaften Inneren vor sich ging. Wenn ich hineinschaute, fand ich dort unzählige kleine Kabel, durch die, wie mir schien, eine Flüssigkeit in jene Teile der Schränke floß, in die ich nicht schauen konnte. Von dort wurde die »Flüssigkeit« in andere geschlossene Kästen weitergeleitet und von dort wieder in andere Kästen. Allerdings floß aus den geheimnisvollen Kästen nichts heraus, wenn ein Ingenieur kam und sie öffnete. Drinnen sah ich wieder nur Kabel, die auf seltsamen schwarzen Konstruktionen festgemacht waren.

Außer den Schränken gab es in der Abteilung noch andere interessante Geräte. Aus einigen kam eine lange, mit Zahlen und Buchstaben bedruckte Papierrolle hervor, die sich wie eine Ziehharmonika zusammenfaltete und mit dem seltsamen Wort *Tabellogramm* bezeichnet wurde. Andere Apparate stanzten rechteckige Löcher in dickes Papier. Den Sinn dieser Rechtecke zu erraten fiel mir am allerschwersten. Auf jedem befanden sich gleichmäßige Reihen mit der immer gleichen Zahl. In der obersten standen genau fünfundvierzig horizontal verlaufende Nullen. Eine Reihe tiefer folgten fünfundvierzig Einsen. Dann fünfundvierzig Zweien, Dreien, Vieren, Fünfen und so weiter. Die Parade beschlossen fünfundvierzig Neunen, die am unteren Rand des Rechtecks entlangliefen. Die Rechtecke wurden in ein Gerät geschüttet. Wenn sie wieder auftauchten, waren die Zahlenreihen kürzer. In jeder Reihe fehlten einige Ziffern. An ihrer Stelle klafften in gleichmäßigen Abständen kleine, vertikale Rechtecke, in denen die Ziffern verschwunden waren. Der Sinn dieses Verschwindens war mir so unklar, daß ich gar nicht auf die Idee kam, ihn zu suchen, sondern lieber durch die Labyrinthe der Eisenkästen mit ihren Kabeln kletterte, um die geheimnisvolle Flüssigkeit zu finden, die das Wissen enthält.

Obwohl sich in diesem Viertel auch ein Ort befand, den ich abgrundtief haßte, die Nachtkrippe, in die mich meine Mutter brachte, wenn sie Spätschicht hatte, liebte ich Njamiha, die Heimeligkeit der schmalen, verwinkelten Straßen mit den niedrigen, von komplizierten Anbauten überwucherten Ziegelhäusern, den verfallenen Wänden, die mit dicken, im Laufe vieler Jahre entstandenen Pastellschichten bedeckt waren. Njamiha war voller Katzen, streunender Hunde und überhaupt voller faszinierender Wesen. In den Höfen von Njamiha traf man die wohl letzten noch lebenden fahrenden Glasschneider und Scherenschleifer, die, mit ihren einfachen Werkzeugen behängt, von Hof zu Hof zogen und die Bewohner mit singender Stimme dazu aufriefen, ihre Dienste in Anspruch zu nehmen.

Njamiha war erfüllt von dem betörenden Duft des Kaminrauchs, der aus den Schornsteinen der alten Häuserblocks stieg. Diesen Duft mußte man einfach lieben, schließlich existiert er seit Tausenden von Jahren in unseren Genen, als

Erinnerung an das Feuer, an die Wärme und Zufriedenheit in einer behaglichen urmenschlichen Behausung. Njamiha war von dieser süßen Erinnerung durchtränkt. Der Duft tauchte schon auf, wenn man sich Njamiha näherte, und durchdrang mich vollkommen, wenn ich durch die krummen Gassen lief und Schritt zu halten versuchte mit meiner Mutter, die zur Arbeit eilte, zu ihren klugen Schränken im ersten Stock eines alten, mit Geschichte vollgestopften Hauses.

Dieses Njamiha stammte aus der Zeit, als Minsk Gouvernementsstadt war. Viele Jahre später stieß ich auf alte Gravuren, die diese Stadt zeigten. Ich war erschüttert, wie sehr sich diese Darstellungen von dem Minsk meiner Kindheit unterschieden. Auf ihnen sah ich eine sehr europäische Stadt, die in vielem Vilnius ähnelte: die steilen Ziegeldächer, die Türme der Kirchen, das Rathaus, das Jesuiten-Kollegium, die prächtigen architektonischen Ensembles. Später erfuhr ich, daß Minsk tatsächlich von den gleichen Architekten errichtet worden war. Die Stadt war der katholische Hauptsitz dieser Gegend. Bevor das Land nach der zweiten polnischen Teilung 1793 mit dem Imperium vereinigt wurde, gab es in Minsk achtundzwanzig katholische und unierte Kirchen und Klöster und nur eine einzige orthodoxe Kirche. Allein am Oberen Markt standen mehrere Kathedralen. All diese Gebäude verschwanden nicht während der Kriege, sondern wurden im 19. Jahrhundert zur Strafe für Aufstände gegen Rußland abgerissen oder im orthodoxen Stil umgebaut.

# 16

Das 19. Jahrhundert begann mit einem neuen großen Krieg, der über das Gebiet des Landes walzte, das nun schon eine russische Provinz war. Während der Kriege zwischen dem Imperium und Napoleon stand ein Großteil des litauischen Adels auf der Seite Frankreichs. Für die Rzeczpospolita war dies die Chance, die staatliche Unabhängigkeit wiederzuerlangen. In diesem Krieg verlor das Land erneut ein Viertel der Einwohner. Auf die Niederlage folgten Repressionen gegen alle, die an der Seite Napoleons gekämpft hatten. Die Kunstsammlungen bekannter Adelsfamilien wurden ausgeraubt und in das Imperium verbracht, die Ländereien des republikanischen Adels konfisziert. Viele waren gezwungen, das Land zu verlassen, und als Feinde des Imperiums konnten sie nie mehr zurückkehren.

Im 19. Jahrhundert begann das Imperium das Land von all dem zu säubern, was es mit Europa verbunden hatte. Wie schon in den Kriegen trafen die ersten Schläge die Städte. Zuerst wurde im Jahr 1830 das Zentrum von Brest, eine der schönsten Städte des Landes, dem Erdboden gleichgemacht. An der Stelle, an der unzählige Barockkirchen und -klöster gestanden hatten, errichtete das Imperium eine riesige Zitadelle – die Brester Festung mit ihren Kasematten und Musterungsplätzen. Später wurden viele andere Städte des Landes geschleift und umgebaut. Fast überall wurden die Rathäuser zerstört – Symbole der für das Imperium unnützen Freiheit.

Im Jahre 1831 erhob sich ein Aufstand, der von Beginn an zum Scheitern verurteilt war. Zu ungleich waren die Kräfte zwischen den Aufständischen und dem Imperium verteilt. Danach beginnt die Orthodoxie das Land zu erobern. Opfer

sind die Katholiken und die Unierten. Zwei Drittel der 322 katholischen und unierten Klöster werden abgerissen oder von den Orthodoxen übernommen. 1839 wird die Unierte Kirche verboten. Die Unierten, die die Mehrheit im Lande gestellt hatten, werden gezwungen, zur Orthodoxie überzutreten. Ein weiterer Schlag trifft die Bildungseinrichtungen. Das Imperium schließt die Universität in Vilnius, die Jesuiten-Kollegien und viele Schulen. Russisch wird im ganzen Land Unterrichtssprache.

1863 flammt ein neuer Aufstand gegen das Imperium auf. Er ist aber nur noch ein Opfergang im Namen der Freiheit, denn Siegeschancen gab es keine mehr. Das Ergebnis: Zehntausende sterben oder werden nach Sibirien verbannt. In den Städten werden die letzten katholischen Klöster und Kirchen geschlossen oder zerstört.

In dem Land, in dem nicht nur Katholiken, Unierte, Orthodoxe, Protestanten, Juden und Muslime friedlich zusammengelebt hatten, sondern das auch verfolgte Konfessionen aus anderen Ländern aufgenommen hatte – etwa die Altgläubigen aus Rußland – begannen nun Religionsverfolgungen.

Das Land, das einst eine Verfassung gehabt hatte, ein Parlament und einen von diesem gewählten König, über blühende Städte mit eigenen Freiheiten verfügte (die meisten hatten schon früh das Magdeburger Stadtrecht erhalten), verwandelte sich in Ruinen, wurde zu einer abgelegenen Provinz des Imperiums.

Das zerschlagene Land konnte keinen offenen Widerstand gegen das Imperium mehr leisten. Nur der Terror blieb als Option: Wenn das Imperium nicht zu besiegen ist, dann muß es getötet werden. Viele Patrioten setzen auf eine Revolution, gehen in den terroristischen Untergrund. 1881 bringt der weißrussische Adlige Ignat Grynjawitzki Alexander II. um, den einzigen Imperator, der Opfer eines Terroranschlags wurde. Der nächste wird 1918 getötet, nun schon von der Revolution, von jenem Sprungfedermechanismus, zu dem so viele Menschen aus diesem Land und aus anderen nichtrussischen Randgebieten des Imperiums geworden waren. Sehr lange und sehr stark hat das Imperium die Federn gespannt, früher oder später mußten diese den Mechanismus der Revolution auslösen.

17

In meiner Kindheit gab es in der Sonnenstadt schon keinen Gott mehr. Als ich die Erzieherin im Kindergarten fragte: Warum gibt es Gott nicht? antwortete sie mir: Gagarin ist ins Weltall geflogen und hat ihn dort nicht gefunden. Ich hatte mir vorgestellt, daß Gott als bärtiger Opa in weißem Gewand und mit weißen Flügeln in dem schwarzen Raum über der Erdkugel schwebt. Aber Gagarin ist mit seinem Raumschiff einige Male um die Erde geflogen und hat aus seinem Bullauge den fliegenden Opa nicht gesehen. Also gibt es ihn wirklich nicht. Gagarin war für mich eine Autorität.
Die Bürger des Lands des Glücks glaubten nicht nur daran, daß sie nicht an Gott glauben, sie waren auch stolz darauf. Sie fühlten sich denen überlegen, die in der Zeit zurückgeblieben waren, in der Gott noch lebte. Dies war die Überlegenheit der wissenschaftlichen Avantgarde, die den Obskurantismus besiegt hat, der stolze Blick des Menschen, der die Natur überwunden hat, auf den Menschen, der in Abhängigkeit von ihr lebt.

Ich erinnere mich, wie ich mich schämte, auf die Straße zu gehen, als man mich verdächtigte, ich stünde in Kontakt mit Gott. Ich schämte mich und war verärgert, weil dies gegen meinen Willen passierte. Es geschah, als wir aus unserem Haus in der Lomonossow-Straße, wo ich meine frühe Kindheit verbracht hatte, in eine neue Wohnung in der Tscherwiakow-Straße zogen. Sie lag in einem alten und sehr exotischen Stadtteil namens Storoschowka, auf weißrussisch Staraschouka, der berühmt war für seinen Vogelmarkt, auf dem auch Katzen, Hunde, Kaninchen, Hühner, Schweine und anderes Getier verkauft wurden.

Unmittelbar vor dem Umzug in die neue Wohnung hatten wir meine Großmutter beerdigt. Sie litt an Krebs und starb noch in der alten Wohnung. Meine Großmutter war gläubig, deshalb beerdigten wir sie nach kirchlichem Brauch mit Pope und Totenmesse. Ein paar Tage nach dem Umzug nach Staraschouka lud meine Mutter irgendwelche Frauen aus der Kirche zum Totengedenken am vierzigsten Tag nach dem Tod ein. Diese alten Frauen, die mir völlig unbekannt waren, trugen lange schwarze Kleider und hatten sich in schwarze Tücher gehüllt. Meine Mutter war Parteimitglied und kannte sich in Kirchendingen nicht aus, deshalb hatte sie die Frauen eingeladen. Sie sollten ihr helfen, das Totengedenken dem Brauch entsprechend zu gestalten. Es war Ende September, warmes Wetter, die Fenster des Zimmers, in dem der Tisch zum Totengedenken gedeckt war, standen offen. Nachdem die Frauen in Schwarz wie vorgeschrieben einige Zeit am Tisch gesessen hatten, begannen sie zu beten. Sie beteten mit voller Stimme – laut und singend. Es war früher Abend, und auf dem Hof unseres Hauses waren alle möglichen Leute. Ich wollte die Fenster schließen und die Frauen anschreien, sie sollten leiser beten, flüsternd, so

leise, daß sie niemand hört. Aber natürlich hörten sie alle, die zu dieser Zeit im Hof waren. Die Kinder, mit denen ich mich erst noch anfreunden wollte, versammelten sich unter unserem Fenster, schauten kichernd empor und beredeten irgendwas.
Ich erinnere mich, wie sie am nächsten Tag guckten, als ich in den Hof kam. Sie standen ganz hinten am anderen Ende, flüsterten und warfen mir spöttische, neugierige Blicke zu. Ich glaube, sie hielten uns für »Sektierer«, aber ich verspürte keine Lust, sie vom Gegenteil zu überzeugen. An diesem Tag bat ich meine Mutter, mir am nächsten Sonntag auf dem Vogelmarkt einen Hund zu kaufen.

18

Staraschouka befand sich bereits jenseits der Sonnenstadt. Dafür war er Teil des alten, vorrevolutionären Minsk, genauer, der damalige Stadtrand. Hier gab es schon keine Paläste mehr und keine schönen Stuckmauern. Nur die Einfriedung des alten Desinfektionskrankenhauses der Stadt erinnerte ein wenig an die prächtige Mauer der Militärgarnison in meinem alten Viertel. Unsere Wohnung war im dritten Stock, und auf der gegenüberliegenden Straßenseite, direkt unter unserem Fenster, erstreckte sich ein anderes Militärgelände, viel kleiner zwar als das vorherige und nicht von Sockeln mit Kohlköpfen umgeben, dafür aber konnte ich alles beobachten, was hinter der Mauer vor sich ging. Jetzt hörte ich nicht nur das gleichmäßige Trampeln, sondern konnte sehen, wie sich die quadratischen grünen Raupen über den Platz bewegten oder über die Wege von Baracke zu Baracke krochen. Von oben erinnerte das Militärgelände an eine Spielzeugstadt aus Bauklötzen, alles war sauber und sehr ordentlich. Sogar weiße Bäume standen hier. Jeden Frühling wurden sie bis zu der Stelle weiß gestrichen, an der das Laub begann. Als ich meine Mutter fragte: »Warum werden sie angemalt?« antwortete sie: »Damit die Raupen nicht hochkriechen.« Jetzt hörte ich die Soldatenlieder nicht nur, ich sah sie auch, die Tausendfüßler, wenn sie singend zur Kantine zogen oder von dort zurückkehrten.

An das Militärgelände grenzte der Vogelmarkt. Was hinter dieser Mauer lag, interessierte mich viel mehr als das, was hinter der Mauer des Militärgeländes passierte. In der Sonnenstadt gab es keinen Zoo. Daher war der Markt der einzige Ort, wo man einmal in der Woche, sonntags, alle möglichen Tiere sehen und sogar kaufen konnte. Exotische Tiere wurden nicht verkauft. Es gab hauptsächlich Hühner, Enten, Kaninchen, Hunde, Kätzchen, Hamster und Schweine, dafür aber in riesigen Mengen. Am lautesten waren die Ferkel. Wenn Sie sich, Gott behüte, betrunken haben sollten und nicht mehr wissen, was für ein Wochentag ist, dann können Sie am Grunzen und Quieken der Schweine um sechs Uhr früh vor Ihrem Fenster unfehlbar feststellen, daß heute Sonntag ist.

Der Markt öffnete früh. Schon um fünf Uhr morgens hielten Pferdefuhrwerke unter unserem Fenster, aber auch Schigulis, Moskwitschs und Wolgas – ein ganzer Fuhrpark. Mercedes gab es in der Stadt damals ebensowenig wie exotische Tiere. Den ganzen Morgen bis zur Mittagszeit wurden aus den Kofferräumen der Autos und von den Pferdefuhrwerken Kaninchen, Hühner und kleine Ferkel ein- und ausgeladen, Hühner und Kaninchen zumeist in Holzkisten, die Ferkel in großen, zugebundenen Leinensäcken.

Während die Kaninchen und die Hühner sich friedlich verhielten, strampelten und quiekten die Ferkel. Finstere Typen mit Mützen schleppten die zappelnden und kreischenden Säcke auf dem Rücken zu ihren Karren, ein Geräusch, als ob eine elektrische Säge sich in ein knorriges Scheit bohrt.
Hintern den Mauern des Vogelmarkts begannen die Zäune von Grundstücken mit freistehenden Häusern. In Staraschouka gab es überhaupt eine Vielzahl verschiedenster Mauern und Zäune aus Holz, Ziegeln und Maschendraht. Hinter unserem Haus begann die Mauer eines großen Kindergartens. Dahinter eine kleine Straße, dann die Mauer der Schule, in die ich ging. Rechts von der Schule war die Mauer der Banja. Wenn ich auf den Boulevard ging, der mit zwei Gastronom-Geschäften, einer Bäckerei, einer Sparkasse, einer Apotheke, einem Kino und einem Friseur das Zentrum des Lebens in diesem Viertel bildete, mußte ich zwischen der Schulmauer und der Mauer der Banja hindurchgehen. Der Durchgang war lang und so schmal, daß zwei Menschen nur aneinander vorbeipaßten, wenn sie sich ein wenig an die Mauern drückten. Außer Mauern ragte in unserem Viertel eine Vielzahl von schwarzen Metallschloten empor, die zu kleinen Kesselanlagen gehörten. Ich liebte diese Schlote. Wenn ich an einem frostigen Wintertag aus dem Fenster schaute, standen sie da wie ein lichter Wald mit hohen, schwarzen Stämmen und langen, weißen Rauchkronen, die nachdenklich in den Himmel zogen.

# 19

Ich war nicht schlecht in der Schule, auch wenn ich nicht gern hinging. Vor allem im Winter, im Herbst und im Frühjahr nicht. Der Unterricht fing früh an, um acht Uhr, daher mußte ich gegen sieben aufstehen. Auf der Straße war es um diese Zeit meistens noch dunkel. Wenn ich aus dem Bett stieg und ans Fenster ging, schaute mir die Schule mit ihren zärtlichen gelben Augen direkt ins Gesicht. In ihrem Blick war, so schien es, etwas Sadistisches. Ich wollte so sehr zurück ins Bett, aber die quadratischen Augen schauten finster drein und sagten: Untersteh dich! Zieh dich sofort an und komm! Doch es gab glückliche Tage, an denen die Schule mich anschaute und ich ihr mit boshafter Zufriedenheit antworten konnte: Und ich gehe nicht! Ich habe ein Attest!
Dann beobachtete ich, wie die dunklen Schemen der Kinder aus den Nachbarhöfen durch den frischen, über Nacht gefallenen Schnee zum Schultor liefen, das von Zeit zu Zeit seinen orangeroten Rachen öffnete und sie mit einem großen Gähnen verschluckte. Um acht Uhr ertönte die Glocke, danach wurde es still. Nur eine einzelne verspätete Gestalt rannte stolpernd über die unausgetretene Spur und schleppte den schweren Ranzen mit den Büchern. Ich aber ging wieder ins Bett und deckte mich mit der weichen Daunendecke zu.
Manchmal waren die Augen der Schule geschlossen. Dann waren Ferien oder Winterquarantäne wegen der Grippe. Die schönsten Tage meines Schullebens standen bevor.
Nur in Russisch, Polytechnik und Sport hatte ich eine Zwei. In den übrigen Fächern hatte ich Einser. Die Gesetze Newtons und Faradays fielen mir leichter als die Kommaregeln. Chemie hatten wir bei Frau Molekül. So nannten wir sie,

weil sie sehr klein war. Wenn sie in die Klasse kam, reichte ihr Kopf kaum über die Bänke. Aber Ahnung hatte sie. Wer sich für Chemie interessierte, dem konnte sie sehr überzeugend erklären. Mit denjenigen, die sich nicht für Chemie interessierten, fackelte sie nicht lange und ließ sie die ganze Macht ihrer Verachtung spüren. Die Biologielehrerin wurde Bügelbrett genannt. Zugegebenermaßen paßte der Name nicht besonders zu ihr. Sie war groß, und wenn sie durch die Klasse schritt, traten die Rundungen ihres Körpers besonders plastisch hervor.

Wenn hingegen die Oberpaukerin der Schule, bei der wir Geschichte hatten, die Klasse betrat, hielten wir den Atem an und saßen friedlich in Reih und Glied. Sie wurde SS oder Gestapo genannt. Sie erinnerte an die blonden Kerle in den schwarzen Uniformen aus den Kriegsfilmen. Während der Stunde ging Gestapo mit dem Zeigestock durch die Klasse und setzte ihn von Zeit zu Zeit gegen *Dummköpfe und Minderbemittelte* ein, damit sie den Stoff besser behielten. Unsere Klassenlehrerin nannten wir einfach Maria Israelewna. Bei ihr hatten wir Physik. Wenn jemand plötzlich Probleme hatte, das Gesetz der weltweiten Schwerkraft zu verstehen, dann mußte er sich eine andere Schule suchen – in unserer hatten es Dreier-Schüler nicht leicht. Ich hatte allerdings keine Probleme mit Physik, Chemie, Geometrie und anderen Fächern. Sogar eine Kalaschnikow konnte ich in den vorgeschriebenen fünfundzwanzig Sekunden zusammenbauen. Nur beim Granatenwerfen kam ich nicht auf die geforderten dreißig Meter.

Von den Schultagen mochte ich Freitag und Samstag am liebsten. Der Freitag war immer mit der Vorfreude auf den Samstag erfüllt, und Samstag war der Tag vor Sonntag. Doch dann war der einzige freie Tag irgendwie der trost-

loseste der ganzen Woche. Vermutlich, weil danach der Montag kam.
Sonntag abend lief oft Eishockey im Fernsehen. Auf dem weißen, zweigeteilten Feld mit dem Kreis in der Mitte liefen kleine schwarze Männlein herum. In Wirklichkeit waren sie bunt, aber unser in die Jahre gekommener Apparat zeigte längst alles nur noch schwarzweiß. Die Männlein jagten hinter einer winzigen Scheibe her, die die anderen in das Trapez des Tors zu hämmern versuchten. Vor den Trapezen standen breitschultrige Typen mit Gittern vorm Gesicht, und wenn die Scheibe zum Tor kam, dann verjagten sie sie mit langen, krummen Stöcken. In regelmäßigen Abständen veranstalteten die schwarzen Männlein eine Prügelei und klebten in einem Haufen an der durchsichtigen Bande. Wenn die Kamera sie in einer Großeinstellung zeigte, dann schien es manchmal, daß die Köpfe der rempelnden Männer mit aller Gewalt von der anderen Seite gegen den Bildschirm stießen. Noch ein klein wenig fester, und sie würden durchbrechen und unter dem Geklirr der berstenden Scheibe über unseren Fußboden kugeln. Dann ging ich zum Fernseher, schaltete ihn aus und ging ins Bett, um am nächsten Morgen in die zärtlichen, gelben Augen zu sehen, die auf mich warteten.

20

In unserer Stadt änderte sich alles sehr schnell. Wenn auf einem großen freien Platz ein altes Haus stand und ein neues gebaut werden mußte, dann wurde es nicht daneben gesetzt, sondern das alte wurde abgerissen und an seiner Stelle ein neues errichtet. Die Spielzeugmilitärstadt, die ich aus dem

Fenster beobachten konnte, wurde nach einigen Jahren abgerissen. Bulldozer und Bagger rückten an, sie hoben eine Grube aus und verschwanden für einige Zeit. Was wir in diesem großen Loch fanden, war nicht weniger aufregend als die Soldatenlieder. Es handelte sich um einen Friedhof, noch im Ersten Weltkrieg waren hier Soldaten beerdigt worden. Um unseren Häuserblock herum sammelten sich Schädel, die wir in großen Mengen aus der Baugrube hervorgeholt hatten und von Wohnung zu Wohnung trugen. Wir erschreckten in der Schule die Mädchen damit, legten sie in das Lehrerpult oder verschenkten sie einfach an Freunde aus anderen Stadtvierteln. In der Baugrube fanden sich auch viele Knochen, die interessierten uns aber nicht. Außer Schädeln suchten wir auch nach alten Knöpfen und Kokarden aus der Zarenzeit.

Einen Schädel nahm ich mit nach Hause. Ich brauchte ihn, weil ich eine anatomische Zeichnung anfertigen sollte. Zu dieser Zeit ging ich schon auf die Kunstschule, wo wir nicht nur in die anatomischen Studien, sondern auch in jedes zweite Stilleben einen Totenkopf plazierten. Selbstverständlich benutzten wir nie Modelle. In der Stadt herrschte kein Mangel an echten Totenköpfen zum Studium der Architektur der *Gaumenhöhle*, die in die Oberkieferknochen und die Wangenbögen übergeht.

Unmittelbar hinter dem ausgegrabenen Friedhof begann ein weiterer Friedhof. Er befand sich unter dem Vogelmarkt. Dort, wo die angrenzenden Mauern standen, lag noch einer. Dahinter noch einer und noch einer. Dieser ganze Teil von Staraschouka stand auf alten Friedhöfen aus der Zeit, als hier noch Stadtrand war. Nicht wenige Kriege zogen über die Stadt hinweg, daher wurde hier oft und viel beerdigt. Der nächste Friedhof, den wir ausgruben, lag näher am alten Teil von Staraschouka, von allen hier gelegenen Friedhöfen war er der älteste und grenzte an jene Häuserblocks, die zum Fluß hinab gebaut waren. Er glich eher einem alten Park, hohe Eichen wuchsen hier, deren Stämme so dick waren, daß wir Kinder sie auch zu dritt nicht umfassen konnten. Zwischen den Eichen standen die Grüfte und Steine der alten Gräber.

Das einzige Gebäude weit und breit war ein graues und sehr düsteres, fensterloses Haus mit dicken Säulen. Es sah aus wie die Häuser in Horrorfilmen, in denen Vampire und alle möglichen seltsamen, halbverwesten Geschöpfe wohnten. In einem gewissen Sinne gab es sie dort tatsächlich. Als wir einmal im Herbst nach der Schule die Blätter von den Parkwegen rechen mußten, ging ich in das Haus, um die Geräte zu holen. Seine hohen Zimmer lagen im Halbdunkel, überall standen hohe Holzregale, darauf große Metallzylinder, Hunderte Zylinder, die geheimnisvoll im Halbdunkel des Zimmers funkelten, das nur vom schwachen Licht der von der Decke hängenden gelben Lampen erhellt wurde. In den Zylindern befand sich ebenfalls ein Friedhof, die toten Projektionen einer Spiegelwelt, alte Kinochroniken, auf Metallspulen gerollt. Das fensterlose Haus, eine alte, nach der Revolution umgebaute Kirche, beherbergte das Filmarchiv.

Einige Jahre später kamen die Bulldozer auch auf diesen Friedhof und bauten eine breite Straße. Wieder buddelten wir in den Gruben Schädel aus, aber hier gab es nur wenige. Hier stieß man nicht auf große Massengräber wie auf dem anderen Friedhof. Dafür fanden wir alten Schmuck und alle möglichen anderen interessanten Dinge. Einige meiner Freunde von den Nachbarhöfen verbrachten ganze Tage in den großen Sandkuhlen und gruben mit ihren Schaufeln

nach etwas Wertvollem. Ich hatte schon keine Zeit mehr für Sandkastenspiele. Nach der regulären Schule ging ich in die Kunstschule. Wenn ich nach Hause kam, hoppelte im Fernsehen schon das lebensfrohe Kaninchen Stepaschka über den Bildschirm, und das Plüschferkel Chrjuscha wünschte allen Kindern der Sonnenstadt grunzend eine gute Nacht.
In unserer Stadt blieb nichts lange an einem Platz. Wenige Jahre nachdem der Friedhof in eine Straße verwandelt und die hohen Eichen mit den dicken Stämmen gefällt worden waren, wurde das Kinoarchiv aus dem alten fensterlosen Haus fortgebracht. Bauarbeiter kamen, schlugen Fenster hinein und verwandelten es wieder in eine Kirche. Zu dieser Zeit war die Überlegenheit des Avantgardeblicks schon nicht mehr so offensichtlich – der Obskurantismus kehrte an seine früheren Orte zurück.

21

In der Sonnenstadt waren alle Religionen gleich. Alles wurde gerecht geteilt. Es gab eine katholische Kirche, eine orthodoxe Kirche, eine Synagoge und eine Moschee. Die Moschee riß man allerdings später ab, sie fiel dem Bau einer neuen Straße zum Opfer. Auch die Protestanten hatten Kirchen, mit ihnen war die Sache aber schwieriger, da sie gemeinsam in privaten Wohnungen oder vollkommen im Untergrund beteten. Die Kinder der Sonnenstadt wurden nur selten nach ihrer Geburt getauft. Das kam erst viele Jahre später in Mode, als sogar die Kommunisten erklärten, sie würden an Gott glauben. Ich wurde getauft, aber ich war noch so klein, daß ich mich nicht daran erinnere.

Von Kind an konnte ich aus irgendwelchen Gründen orthodoxe Popen nicht leiden. Vielleicht sagte mir das mein Blut, denn man hatte mich in einer altgläubigen Kirche getauft. Die Vorfahren meines Vaters gehörten zu eben jenen Häretikern, die aus Rußland flüchteten, weil sie dort wegen ihrer Religion verfolgt wurden, und sich im siebzehnten Jahrhundert im Großfürstentum Litauen ansiedelten. Meine Verwandten in Polozk haben bis heute eine große Sammlung von Büchern in alter Schrift und uralte altgläubige Ikonen. Doch ich kannte die Familie meines Vaters nicht gut. Ich wohnte bei meiner Mutter und meiner Großmutter, und wenn ich fragte, wo mein Vater sei, sagte meine Mutter aus irgendeinem Grund immer: Der ist im Krieg gefallen, in einem Bach ertrunken. Sie sprach diese Worte so schnell, als würde sie einen auswendig gelernten Zungenbrecher aufsagen. Ich wollte diesen Bach unbedingt finden, in dem mein Vater ertrunken war. Jedesmal, wenn wir über eine Brücke fuhren, fragte ich, ob mein Papa nicht vielleicht in diesem Fluß ertrunken sei.

Als ich älter wurde, sprang Papa plötzlich wohlbehalten aus einem Bach heraus. Damals erfuhr ich, daß mein Urgroßvater vor der Revolution kein armer Mann gewesen war. Er hatte Land und ein Gut bei Polozk besessen, das später von den Bolschewiki in ein Kinderheim umgewandelt wurde. Er hatte zwölf Kinder, die meisten gingen nach der Revolution nach Moskau. Der Urgroßvater wurde 1934 erschossen, unmittelbar nachdem in Leningrad Kirow, einer der Kultführer der Partei, erschossen worden war. Mein Vater erzählte, der Urgroßvater sei entfernt mit Kirow verwandt gewesen, und Stalin habe nach dem Mord an Kirow beschlossen, auch alle seine Verwandten zu beseitigen. Mein Großvater war Offizier, aber aus irgendeinem Grund wurde er degradiert und arbeitete sein ganzes Leben in den Docks von Polozk. Dafür hatte meine Großmutter eine Menge militärischer Orden. Während des Kriegs war sie im antifaschistischen Untergrund gewesen.

Wie auch immer mein Verhältnis zu meinem Vater gewesen ist, so war es doch vor allem ihm zu verdanken, daß ich das Land des Glücks viel früher verließ als meine Altersgenossen. Mein Vater war immer antisowjetisch eingestellt, und manchmal, wenn er getrunken hatte, erzählte er mir, wie wir leben könnten, wenn nicht die Revolution gewesen wäre, und daß er sogar auf allen vieren nach Paris kriechen würde, wenn sich die Grenze auch nur für eine Sekunde öffnete. Dabei lebte er im Land des Glücks gar nicht so schlecht. Zumindest hätte ihn jeder normale Bürger dieses Landes beneiden können für das viele Geld, das er ausgab, und für die vielen Frauen, die er hatte. Als dann die Grenzen aufgingen, fuhr er natürlich nirgendwohin. Dafür verließ mein jüngerer Bruder aus der anderen Familie meines Vaters das Land. Er hatte die Geschichte von Paris vermutlich noch öfter gehört als ich. Er fuhr dann aber doch nicht nach Paris, sondern nach Marseille, wo er eine kurze Zeit in der Fremdenlegion diente, bevor er sich nach Deutschland durchschlug.

22

Die Bezeichnung Weißrußland kam erst im 14. Jahrhundert auf. Dieser Name ging zunächst im Osten des Landes wie ein Gespenst um, vagabundierte von einem Landstrich zum nächsten. Keine Chronik gibt genaue Auskunft, welches konkrete Gebiet für längere Zeit mit diesem Namen bezeichnet wurde.

1840 war das Land durch einen Erlaß des Imperators jeglichen Namens beraubt worden. Die Namen Litauen und Weißrußland wurden verboten und der Landstrich »Nordwest-Bezirk« genannt. Zu diesem Zeitpunkt bezog sich der Begriff Weißrußland nur auf die östlichen Gebiete des Landes. In den Aufrufen an die Aufständischen des Jahres 1863 wendet sich ihr Anführer, Kastus Kalinowski, noch an das litauische Volk. Ende des 19., Anfang des 20. Jahrhunderts breitete sich das Gespenst auf das ganze heutige Gebiet des Landes aus.

Als 1918 die Staatlichkeit des Landes für kurze Zeit wiederhergestellt wurde, hieß es schon Weißrußland. In der zweiten Hälfte des 19. Jahrhunderts hatte das Imperium den litauischen Adel, der das Erbe des Großfürstentums bewahrte, bereits ausgerottet. Zu dieser Zeit betrat eine neue Kraft die Bühne, die das Doppelbanner des nationalen Befreiungskampfes und des Klassenkampfes erhob. Diese neue Kraft kam aus den Tiefen des Volks – aus dem Kleinadel, aus der Bauern- und der städtischen Unterschicht. Die Parole ihres Kampfes hieß Weißrußland, das eine Alternative zum Imperium und zur aristokratischen Tradition sein sollte. Zwei Gespenster vereinten sich in einem Banner, das Gespenst des vagabundierenden Gebiets und das Gespenst des Kommunismus, das zu dieser Zeit schon *in Europa umgeht*. Es gab in diesem Augenblick niemanden, der das Banner Litauens und seiner historischen Länder hätte hochhalten können.

In der Sonnenstadt gab es keine Nationen. Das heißt, es gab sie schon, aber sie wurden als etwas Nichtexistierendes wahrgenommen. Als Dekorationen für Festkonzerte und Paraden. Ich erinnere mich, wie sie im Fernsehen auftauchten, die glücklich lächelnden Vertreter verschiedener Völker in ihren bestickten nationalen Kostümen, und davon redeten, wie gut es ihrem Volk im Land des Glücks gehe, in dem sie nach vielen Jahren der Unterdrückung endlich die Freiheit und die Möglichkeit erhalten hätten, die nationale Kultur zu entwickeln. Man muß zugestehen, daß im Land der Sowjets tatsächlich alle Nationen Brüder waren. Alle hatten ungefähr die gleichen Geschichtsbücher, in denen erzählt wurde, wie schrecklich ihr Volk vor 1917 leben mußte und wie sich danach alles änderte. Die wahre Blüte der Völker begann erst nach der Revolution. Ich erinnere mich an ein Lehrbuch für weißrussische Geschichte. Heute verstehe ich, daß das ein Spezialbuch war, ein Schandbuch, bei dessen Lektüre man sich für seine Vergangenheit schämen und sich wünschen sollte, sie möglichst schnell zu vergessen, um ein neues Volk anzustreben – das Volk, das die Neue Welt errichtet.

In der Sonnenstadt gab es keine nationalen Animositäten. Das einzige Volk, dem man zwar nicht feindselig, aber doch mißtrauisch begegnete, waren die Juden. Alle wußten, daß sie aus irgendeinem Grund aus der Sonnenstadt herauswollten. Menschen, die das Land des Glücks verlassen wollten, mußten verdächtig sein.

Niemand konnte eine Fahrkarte zur Ausreise aus dem Land des Glücks kaufen. Das Recht, auszureisen und zurückzukehren, hatte nur eine kleine Gruppe besonders bevollmächtigter Leute. Dafür hatten wir die Möglichkeit, uns auf diesem Kontinent ohne Grenzen zu bewegen, der sich stolz als ein Sechstel der Erde bezeichnete. Alle seine Bürger mußten reisen, um physisch, mit dem ganzen Körper, das Grandiose der Neuen Welt zu spüren, in der Hunderte Völker lebten und zu einer neuen Menschenrasse geschmiedet wurden, die früher oder später die Nation zurückweisen und stolz ausrufen würden: »Ich bin ein Bürger der Sowjetunion!«

Selbst wenn jemand in seiner Kindheit keine Möglichkeit zum Reisen gehabt hatte, konnte er sicher sein, daß er nach seinem achtzehnten Geburtstag für zwei Jahre weit weg geschickt werden würde, um das Land kennenzulernen. Alle – außer den Frauen – waren verpflichtet, in der Armee zu dienen. Meistens wurde man mehrere tausend Kilometer ans andere Ende dieses endlosen Kontinents verfrachtet, wo in einem riesigen Kessel namens Armee die neue Brüderschaft der Konstrukteure der lichten Zukunft zusammengeschmolzen wurde.

Ich war stolz auf mein Land. Es war das größte, stärkste und beste auf der Welt. Es war von Staaten umgeben, von denen die meisten einen Krieg gegen uns planten. Ich wollte keinen Krieg und kämpfte für den Frieden auf der ganzen Welt. Ich erinnere mich an die riesigen Transparente, die in der Sonnenstadt auf den Dächern der Häuser hingen. Ihre Buchstaben, höher als mehrere aufeinandergekletterte Menschen, schrien dem Himmel entgegen: FRIE-DEN auf EER-D-D-D-D-D-D-EN…, WIR SIND FÜR DEN FRIE-DEN AUF DER GANZEN WE-E-E-E-E-E-E-L-T… Das Echo kam von den Transparenten auf den anderen Dächern. LANG LEBE DIE HELDENTAT DES VOLKS, DIE HELDENTAT DES VOLKS IST UNSTERBLICH…

Mir war klar: Wenn wir überfallen werden, werden wir würdig Widerstand leisten. Wir werden siegen. Ich war stolz auf unser Land, das friedlichste und glücklichste der Welt.


24

Ich flog zum ersten Mal über das Land des Glücks, als ich dreizehn war. Wir fuhren zweitausend Kilometer auf eine Exkursion von der Helden-Sonnenstadt in die Heldenstadt Wolgograd. Im Land des Glücks wurde dieser seltene Titel auserwählten Städten verliehen, die sich während des Zweiten Weltkriegs besonders verdient gemacht hatten. Ich wollte unbedingt den Ort sehen, an dem eine der grausamsten Schlachten stattgefunden hatte, die Schlacht um Stalingrad.
Es war ein feuchter, trüber Tag wie meist bei uns Ende März. Wir flogen auf dem alten Flughafen am Rand der Sonnenstadt ab, von dem schönen, luftigen Palast der Luftfahrt, der mich irgendwie immer an ein Sanatorium auf der Krim erinnerte. Vielleicht brachten die Flugzeuge aus Simferopol, die hier landeten, südliche Luft mit dem Duft der Berge und des Meeres mit.
Sobald sich das Flugzeug von der Erde losgerissen hatte, begann die Stadt, die ich immer nur von unten gesehen hatte, rasch kleiner zu werden. Die prachtvollen Paläste ähnelten plötzlich kleinen Bauklotzhäuschen, die Straßen und Viertel verwandelten sich in Axonometrien, die riesigen Parks in unregelmäßige, graugrüne, flauschige Vielecke. Das Flugzeug drehte langsam über der kleiner werdenden Stadt und nahm Kurs nach Südost. Plötzlich verschwand sie, und wir

flogen in den weichen Körper eines grauen Drachen. Einige Zeit später durchstieß das Flugzeug die Wolken, und als es aus ihnen heraussprang, eröffnete sich mir ein großartiger Anblick. Über der Sonnenstadt schien die Sonne. Sie hing direkt über ihr, drang aber nicht zu ihr durch. Also war sie immer über der Stadt, selbst wenn wir sie nicht sahen. Hinter dem runden Fenster erstreckten sich in unendliche Ferne Wolkenfelder in feierlichem Weiß, die sich unter dem eindringlich klaren, blauen Himmel auftürmten. Es schien, als müsse man nur aus dem Flugzeug springen, und schon kann man auf ihnen der Sonne entgegenlaufen und dabei unter den Fußsohlen ihre warme, weiche Watte spüren. Lange flogen wir durch die schweigenden Wolkenfelder, die unter der erstarrten, scheinbar unbeweglichen Sonne in weißen Schattierungen ineinanderflossen. Von Zeit zu Zeit schimmerte durch dünnen Nebel ein zotteliger Flickenteppich aus braunen, grünen und grauen Lappen. Hier und da wurde er von den geraden Linien der Straßen und gewundenen Flüssen durchschnitten. Das war die Erde. Eine riesige, geheimnisvolle Erde. Die Oberfläche dieser riesigen Scheibe schwankte unter uns und bewegte sich langsam, ganz langsam. Über ihr schien immerzu die große, unbewegliche Sonne.

Schließlich setzte das Flugzeug zur Landung an. Zwischenstop zum Auftanken in Rostow. Unsere alte »Tupolew« begann plötzlich zu rütteln, als wären wir in eine Kampfzone geraten. Es war, als ob wir unter Flag-Beschuß lägen, die Geschütze aber irgendwie nicht träfen. Die Geschosse fliegen um uns herum, und die Detonationswelle wirft unser Spielzeugflugzeug von der einen Seite auf die andere. Die Sonne war verschwunden. Wir sanken in die Wolken und die Feuchte der beginnenden Dämmerung. Unten erschien wieder die Erde, die schon nicht mehr geheimnisvoll war und mit jeder Minute bedrohlicher wurde. Ihr brauner Körper näherte sich uns zielstrebig, wuchs, wurde heller. Die Bauklötze tauchten wieder auf. Diesmal sahen sie nicht wie Spielzeug aus, das heißt, sie blieben Spielzeug, aber ich stellte mir vor, wie wir diese Spielzeugstadt abreißen, wenn wir die Landebahn verfehlen. Die Axonometrien näherten sich unerbittlich. Sie verwandelten sich erneut in Bäume, Häuser, Mauern und Telegraphenmasten, die mit furchtbarer Geschwindigkeit unter uns hinwegflogen. Aber nach einigen Sekunden berührten die Räder des Flugzeugs die Erde. Ein leichter Hüpfer, und schon rollten wir sicher über die Landebahn des Rostower Flughafens.

Die nächste Landung in Wolgograd war schon nicht mehr so schrecklich. Wir wurden in einem Arbeiterwohnheim untergebracht. Spät abends versammelten wir uns in einem Zimmer, das von einer matten, einsam von der Decke hängenden Vierzigwattbirne beleuchtet wurde. Die Älteren aus der Gruppe hatten sich auf knarrende Metallbetten aus den Zeiten des Kriegskommunismus gesetzt, tranken Wein und schäkerten mit irgendwelchen Mädchen, die ich nicht kannte. Ich hingegen lächelte schweigend und war glücklich, daß wir heil angekommen waren. Und wegen der wunderbaren Sonne, die ich an diesem Tag über der Sonnenstadt gesehen hatte.

In Wolgograd war ich erstaunt, daß diese Stadt unserer ähnlich sah. Sie war nicht so prachtvoll, aber es gab sehr viele Gebäude in einem ähnlichen Stil. Die Straßen im Zentrum waren ebensobreit, die Häuser sahen aus wie Paläste, der Stuck, die Vasen, die Säulen, die Skulpturen waren gleich. Später stieß ich in vielen anderen Städten der Sowjetunion auf Fragmente der Sonnenstadt – Teile einer einzigen großen Dekoration, die über den ganzen Kontinent des Landes Utopia verstreut worden waren. Außerdem gab es in dieser Stadt viele Fabriken. Ich erinnere mich an die von der Frühjahrsfeuchtigkeit aufgeschwemmten dunkelbraunen Wände der unendlichen Werkhallen von Wolgograd. In dieser Stadt lebten keine Ausländer. Sie war für Besucher geschlossen, weil in zwei dieser endlosen Werkhallen aus rotem Ziegel Panzer hergestellt wurden. Im Land des Glücks warteten alle auf den Krieg und bereiteten sich auf ihn vor.

## 25

Die Völker, die jenseits des Lands des Glücks lebten, waren für uns Kinder aus der Sonnenstadt nur abstrakte Arbeitermassen, die von bourgeoisen Kapitalisten unterdrückt wurden, dicken Onkels mit schwarzen Fracks und schwarzen Zylindern wie auf den Plakaten. Das einzige Volk, das für uns nicht abstrakt war, waren die Deutschen. In der Sonnenstadt erinnerten sich alle gut an den letzten Krieg. Das war klar, denn in ihm war jeder Vierte umgekommen. Wir sahen die Deutschen fast jeden Tag im Fernsehen. Dort wurden ständig irgendwelche Filme über den Krieg gezeigt. Wir liebten diese Filme. All die anderen Filme, die im Fernsehen gezeigt wurden, waren entweder zu sehr für Erwachsene gemacht und daher langweilig oder zu sehr für Kinder und daher nicht spannend. Aber die Kriegsfilme waren echte Thriller. Thriller, die immer gut ausgingen. Am Ende besiegten wir stets die Deutschen, das Gute triumphierte über das Böse.
Wir haßten die Deutschen nicht, sowenig wie irgendein anderes Volk außerhalb der Sowjetunion. Eher bemitleideten

wir sie. Sie lebten in einer schrecklichen, grausamen Welt. Wir wußten, daß unsere Welt besser ist. In ihr gibt es Zuverlässigkeit und die lichte Zukunft des Kommunismus, in der wir früher oder später ankommen, ebenso wie die anderen Völker, die noch nicht aus dem Schlaf aufgewacht sind, in den sie die dicken Onkels mit den Zylindern versenkt haben.

Unter den zahlreichen Kriegsfilmen war der beliebteste wohl *Siebzehn Augenblicke im Frühling*. Ich erinnere mich, wie ich aus der Schule nach Hause rannte, um im Tagesprogramm die Wiederholung der am Tag zuvor im Abendprogramm gezeigten Folge zu sehen. Wie liebten wir die Helden dieses Films! Alle Jungs unserer Stadt wollten wie der kluge und großartige Stierlitz sein, der so virtuos in die Höhle des Löwen, direkt in den Apparat des Dritten Reichs eingedrungen war und dort ein feinsinniges und elegantes Zersetzungsspiel aufzog. So seltsam es scheint, aber uns gefielen auch die Helden aus dem anderen Lager. Es war wohl der erste Film, in dem die Deutschen nicht als plumpe Sadisten und Perverslinge gezeigt wurden, sondern als lebendige Menschen mit Charakter. Der listige Müller war ein gutmütiger Kerl und uns sympathisch, ebenso der bezaubernd schöne Schelenberg, General Wolf, der dicke Bormann und viele andere Helden aus dem Zentralapparat von SD und SS. Es konnte gar nicht anders sein, schließlich wurden sie von so beliebten sowjetischen Schauspielern wie Bronewoj, Tabakow oder Lanowoj gespielt. Und natürlich gefiel uns die schöne schwarze Uniform, die strengen SS-Anzüge von Hugo Boss.

Aus den Filmen übernahmen wir zahlreiche deutsche Ausdrücke, die wir für unsere Kriegsspiele brauchten. Das war das beliebteste Spiel in der Sonnenstadt. Meist teilten wir uns in zwei Trupps, einen deutschen und einen Partisanentrupp. Die Rollen wechselten ständig, so daß jeder mal Deutscher, mal Partisan war. Und natürlich wußten alle, was *Hände hoch*, *Ausweis*, *Nicht schießen*, *russisches Schwein* und *spielen, Jude, spielen* bedeutete.

Beim Kinderkrieg mit den Deutschen wurde ich sogar das erste Mal verwundet. Es passierte im Sommer im Pionierlager. Gewöhnlich wurden die Kinder der Sonnenstadt im Sommer in Pionierlager geschickt, die ich aus irgendeinem Grund haßte. Ich erinnere mich, daß wir mit einem Reiterregiment auf die Deutschen losstürmten. Die Schlacht fand in einem Wald statt. Es war ein typischer weißrussischer Wald, von dem es unendlich viele auf dem Gebiet dieses Landes gibt, und in nahezu jedem sind Spuren des letzten Krieges zurückgeblieben: zugewachsene Schützengräben, Partisanenhöhlen, Gräber unbekannter Soldaten, und hier und da konnte man auch nichtgezündete Granaten, Patronen und deutsche Helme finden. Unsere Pferde waren Kiefernäste, die wir im Wald aufgelesen hatten. Wir schrien Hurra und stürzten los zum Angriff. In der einen Hand hielt ich das zwischen die Beine geklemmte Pferd, in der anderen natürlich einen Säbel. Das Gelände war sehr uneben. Ich blieb an etwas hängen, fiel und brach mir den Arm. Den Rest dieses Pioniersommers verbrachte ich mit Gips.

Die Kinder jenseits der Sonnenstadt hatten ernsthaftere Spiele: Schlägereien zwischen den Jugendlichen der verschiedenen Stadtteile. Das Prinzip war simpel. Einige Dutzend oder einige hundert Jugendliche versammelten sich, und die Meute zog los, um wahllos jeden Jugendlichen ihres Alters aus dem Nachbarviertel zu verprügeln. Manchmal verabredeten die Viertel, sich zu einer bestimmten Zeit auf einem freien Platz zu treffen. Dann versammelten sich zu der ausgemachten Zeit an dem verabredeten Ort einige hundert mit Stöcken und Ketten bewaffnete Menschen und veranstalteten eine blutige Schlacht, bis die herbeigerufene Miliz sie trennte. Ob jemand bei diesen Schlägereien umkam, weiß ich nicht. Wahrscheinlich schon, aber genau kann ich es nicht sagen, weil ich an ihnen nicht teilnahm.

Seltsam, irgendwie kam dieses Spiel in der Sonnenstadt nicht in Mode. Natürlich konnten wir die Kinder aus dem Nachbarhof hassen, aber unsere Feindseligkeiten beschränkten sich gewöhnlich darauf, daß wir sie mit Schleudern beschossen, die wir mit Aluminiumkrampen luden. Ich glaube, daß die Stadt, in der wir lebten, uns beeinflußte. Sie ließ uns die Welt anders wahrnehmen. Es ist ein Unterschied, ob man im betörenden Grün von Parks, zwischen griechischen Vasen und Skulpturen in der Zeitlosigkeit des antiken Himmels lebt, oder ob man von Kindheit an von Hochspannungsleitungen, Heizkraftwerken, rotbraunen Werkhallen, leeren Plätzen und dazwischenstehenden Häuserkästen umgeben ist.

In der Sonnenstadt wurden natürlich vor allem die besten Menschen aus dem Land des Glücks angesiedelt – Parteimitglieder, Angehörige des Apparats des Metaphysikus und seiner Mitherrscher Macht, Weisheit und Liebe, die besten Spezialisten und Kulturschaffenden. Am Rand der Sonnenstadt, aber noch innerhalb, lebten die einfachen Parteimitglieder, die Intelligenzija, die Sportler, die Ärzte und die Lehrer. Außerhalb der Sonnenstadt, in ihren Vorstädten, wohnten diejenigen, die in den riesigen Fabriken arbeiteten – die Proletarier. Aber ich glaube nicht, daß die Kinder der Proletarier sich stark von uns unterschieden. Alle Kinder im Land des Glücks waren im Grunde gleich. Aber die Stadt war in den Vororten eine andere. Vermutlich hatte sie daher auch einen andern Einfluß auf diejenigen, die dort aufwuchsen.

## 26

In die proletarischen Vorstädte geriet ich selten. Wenn ich dort hinkam, dann meist, um mit meiner Mutter zu Großmutters Grab zu fahren, die auf dem riesigen Tschischowski-Friedhof beerdigt worden war. Diese gigantische Nekropolis begann, wo die Vorstädte aufhörten, und zog sich kilometerweit in die goldenen Roggenfelder hinein, die direkt an die Stadt grenzten. Der Weg dorthin war weit, mir schien immer, daß wir halbe Tage unterwegs waren. Ich mochte diesen Ausflug nicht, er führte durch Stadtbezirke, deren Anblick in meinen Augen etwas Finsteres hatte, besonders an Sonnentagen, wenn sie sich mit scharfumrissenen, bösartigen Schatten füllten. An trüben Tagen waren sie mit grauem Flanell bedeckt, unter dem sie etwas gutmütiger aussahen, zu gewöhnlichen langweiligen Außenbezirken wurden, in deren Hoffnungslosigkeit sogar ein seltsamer Zauber aufleuchtete.
Wir brachen morgens in Staraschouka auf und stiegen auf der anderen Seite des Vogelmarkts in die Straßenbahn, wenige Stationen nach der Endhaltestelle, an der die Bahn eine Wendeschleife fuhr, deshalb war der Waggon fast leer. Ich setzte mich rechts ans Fenster, um die Leute besser beobachten zu können, die an den Haltestellen einstiegen. Die Türen schlossen kreischend, und unser langer Weg zur Nekropolis begann.
Zuerst kamen wir über einen kleinen dreieckigen Platz mit seltsamen Holzhäusern, die mich ein wenig an die Gebäude

aus den Cowboy- und Indianerfilmen erinnerten. Die Schilder an den Fassaden verkündeten, daß es hier einen Saloon gab – eine kleine Trinkhalle –, eine Bäckerei und ein Gastronom. Ein wenig weiter auf einer Anhöhe stand das Kino. Hinter dem Platz begann der alte Friedhof, den wir noch nicht ausgegraben hatten, mit seinen hohen Eichen und dem alten, fensterlosen Haus, in dem auf den hohen Regalen Zylinder glänzten.

Die Straßenbahn war alt und fuhr daher sehr langsam. Nach etlichen Stationen bog sie in eine Straße ein, die zum Prospekt führte. Zwischen den Häusern stand schon die Hitze, doch während der Fahrt drang durch die geöffneten Fensterchen ein warmer, gleichwohl kühlender Luftstrom. Hielt die Straßenbahn, um neue Passagiere aufzunehmen, stockte der Luftstrom, und im Waggon hing ein feuchtes, verschwitztes Warten.

Nach einiger Zeit tauchten Kapitelle und Stuckkarniesen auf. Wir fuhren in die Stadt der Paläste ein. Je näher die Straßenbahn dem Prospekt kam, desto zahlreicher die Kapitelle und Karniesen. Sie nahmen immer mehr Raum ein, und schon fuhr der Waggon durch riesige Biskuittorten, die von der bereits sengenden Morgensonne gebacken wurden. Die Torten standen einander so dicht gegenüber, daß es schien, als ob sie sich um die Mittagszeit, wenn die Hitze ihr Maximum erreichte und die erwärmte Creme der Rosetten, Mutuli und Konsolen unter den Balkonen die Fassaden hinunterrann, in eine einzige formlose Biskuitmasse verwandelten. Über den Biskuits zogen im Blau des Himmels Fetzen von Zuckerwatte dahin, die ebenfalls bereit waren, gegen Abend zu tauen und als süßer Regen auf die Stadt niederzugehen.

Unweit des Viktoriaplatzes kreuzte der Prospekt im rechten

Winkel. Die Bahn fuhr an einem Kino mit dem rätselhaften Namen »Frieden« vorbei, dann am Palast der Künste, um an einer Gabelung beim Palast der Staatssicherheit linkerhand die Straße in die Fabrikvorstädte zu nehmen. Der Waggon fuhr an einem weiteren alten Soldatenfriedhof vorbei, an dem gelben Palast der Kultur mit seinen dicken Säulen und war nun auf dem Weg zur Traktorenfabrik. Die Biskuits wurden bescheidener, die Kapitelle mit den Karniesen weniger voluminös. An den Haltestellen quetschten sich jetzt die Menschen mit Mühe in die Straßenbahn und preßten die Fahrgäste an der Tür ordentlich zusammen. Der Waggon erinnerte eher an ein kleines Dampfbad, das auf Gleisen durch die Sonnenstadt fuhr. Hinter den beschlagenen Fenstern verschwanden die Paläste. Fabrikhallen tauchten auf. Wir fuhren über eine lange, menschenleere Brücke, unter uns eine Schienenanlage. Gleich danach begann der Bezirk der Traktorenfabrik.

Dieser Bezirk war eine Stadt für sich, die wie eine Kopie der Sonnenstadt wirkte. Hier arbeiteten Zehntausende Menschen, die mit ihren Familien in den Vierteln wohnten, durch die wir jetzt fuhren. Auch hier standen Volkspaläste, aber sie waren niedriger als in der großen Sonnenstadt. Es gab einen eigenen Kulturpalast, ein eigenes Stadion, Gastronom-Geschäfte, Trinkhallen, einen großen Park mit Riesenrad. Am Fabriktor standen zwei Türme, die an die Türme auf dem Torplatz erinnerten.

Hinter dem Park überquerte die Straßenbahn eine breite Straße, den Partisanen-Prospekt. Hier verließen wir unser Dampfbad auf Schienen und setzten uns in ein anderes, auf Rädern. Der Bus fuhr den langen Partisanen-Prospekt entlang durch das Viertel der gigantischen Autofabrik, in der ebenfalls Tausende Menschen arbeiteten und das ebenfalls seinen eigenen Kulturpalast und eigene Parks besaß. Aber hier begannen schon die finsteren Bezirke. Hier sah der Prospekt aus wie ein breiter, mehrere Kilometer in die Länge gezogener Platz. An seinen Seiten standen wie in der Sonnenstadt grüne Bäume. Darüber hing der gleiche Kobalthimmel mit den fliegenden weißen Pferdeköpfen. Aber nicht mehr Paläste säumten den gigantischen Platz, sondern Kasernen, genauer gesagt Häuser, die Kasernen glichen. Die Schatten, die diese Kasernen warfen, waren irgendwie besonders unheilvoll.

Uns umgaben fünf- oder neunstöckige Häuser, die sich alle ähnelten. Ihre Fassaden bestanden aus identischen, von den Augenhöhlen der Fenster durchbrochenen Quadraten, die wiederum von Vertikalen durchzogen waren – den von ihren Bewohnern verglasten Loggien. Jeder dieser Balkone war aus unterschiedlichen einfachen Materialien gemacht, doch zusammen sahen sie alle aus wie Schwärme kleiner Glasschuppen, die, Dach auf Dach, zum obersten Stockwerk des Gebäudes kletterten. Zwischen den Häusergruppen standen längliche Fabrikhallen mit hohen Ziegelschornsteinen und Scheinwerferpyramiden auf den Dächern. An manchen Stellen lagen Freiflächen zwischen den Hallen, auf denen die Masten der Hochspannungsleitung Richtung Stadt führten – zwei- und sechsbeinige Metallriesen, die an ihren ausgestreckten Armen die Stromkabel hielten.

Nach einiger Zeit fuhr der Bus nach rechts ab, in einen Bezirk namens Tschischowka. An einem weiteren, an der breiten Hauptstraße gelegenen Kulturpalast mußten wir noch einmal umsteigen. Hier setzten wir uns in einen Bus, der direkt zur Nekropolis fuhr. Eine Haltestelle weiter bog er in eine Straße ein, von der aus man bereits ihren monumentalen Torbogen sah, der sich einsam in der Tiefe des goldenen Feldes erhob, wo leise die prallen Ähren rauschten. Das Feld zog sich bis zum Horizont hin und berührte den Himmel, über den die Fetzen der noch nicht geschmolzenen Zuckerwatte schwammen.

## 27

Das 20. Jahrhundert begann für das Land, das nun schon Weißrußland hieß, mit einer neuen Sintflut, die auf Erden niederkam. Das Land wurde zum Schauplatz der Kämpfe an der Ostfront des Ersten Weltkriegs. Dann kam die Revolution, der Bürgerkrieg, der Krieg des nun schon sowjetischen Rußlands mit Polen. Es ist unmöglich, genau zu bestimmen, wie viele Opfer diese Sintfluten kosteten. Allein die Zahl der Flüchtlinge, die das Imperium aus dem Land jagte, betrug eine Million.
Nachdem es die Tracht des Lands des Glücks angelegt hatte, säuberte das Imperium in den dreißiger Jahren diese Landstriche weiter von Kultur, Städten und Völkern. Das Imperium hatte es schon nicht mehr nötig, sich mit Popen und Phrasen vom tiefen Geist seiner Mission zu tarnen. Jetzt konnte es wirklich schwarzweiße Tänze von Leben und Tod veranstalten, Goyas Los Caprichos wiedererwecken, gigantische makabre Gemälde aus nur zwei Farben: dem Schwarz der Erde und dem Dunkelbraun geronnenen Blutes.
In den dreißiger Jahren vernichtete Stalin unter dem Vorwurf des Nationalismus fast die gesamte weißrussische künstlerische und technische Intelligenz. Vom gesamten Schriftstellerverband blieb Anfang der vierziger Jahre nur eine Handvoll Menschen übrig. Ein Massenmord an einfachen Bürgern war im Gange. Allein 1937 wurden in Weiß-

rußland einhunderttausend Menschen erschossen. Die Verbannung nach Sibirien ging weiter, diesmal traf es sogenannte *Kulaken*, *Nationalisten*, *religiöse Sektierer* und »andere feindliche Elemente«. Die Zahl der Opfer des Imperiums in diesen Jahren ist schwer zu ermessen. Allein auf einem der vielen Massenerschießungsplätze, dem in Kurapaty bei Minsk, wurden zwischen hundert- und zweihundertfünfzigtausend Menschen erschossen.
In den vierziger Jahren kam der letzte große Krieg über diesen Landstrich. Er dauerte fünf Jahre und kostete jeden Vierten das Leben.

## 28

Ich erinnere mich gut, daß wir während meiner Kindheit in einer glücklichen Gesellschaft lebten. Ob ich glücklich war, daran erinnere ich mich nicht. Vermutlich eher nicht. Wie jeder kleine Mensch war ich mit meinen kleinen Problemen, Ängsten und unerfüllten Wünschen beschäftigt, die wahrscheinlich dafür sorgten, daß ich mich nicht glücklich fühlte. Aber daß wir in einer glücklichen Gesellschaft leben, wußte ich hundertprozentig. Das wußten alle Kinder der Sonnenstadt. Ich erinnere mich, daß uns die anderen Kinder leid taten, die in der schrecklichen, verfaulenden kapitalistischen Welt lebten, wo es keine glückliche Zukunft für sie gab. Ich erinnere mich an die fröhlichen Pionierlieder, die an sonnigen Frühlingstagen im Radio erklangen. In unserer Sonnenstadt schien fast immer die Sonne. Und ich erinnere mich an jenen seltsamen Film, den ich an einem grauen Wintertag sah, an dem die Sonne nicht schien. Ich war krank und mußte nicht in die Schule. Wie alle Kinder war ich gerne krank. Ich hatte sogar eine Lieblingsbeschäftigung für solche Tage. Ich machte es mir in unserer Küche in dem Sessel am Fenster gemütlich und sah mir einen Reiseführer für Leningrad an. Dieser Reiseführer enthielt detaillierte axonometrische Pläne. Aus irgendeinem Grund gefiel es mir, an weißen Wintertagen in halbkrankem Zustand diesen Axonometrien durch imaginierte Paläste zu folgen, durch den Winterpalast, den Taurischen Palast, den Michailow-Palast und andere Leningrader Paläste.

An diesem Tag sah ich in unserem Schwarzweißfernseher einen Film über einen Hund, dessen Herrchen gestorben war. Es handelte sich um eine Kurzfilmserie, die tagsüber gezeigt wurde, wenn die meisten Menschen in der Sowjetunion auf der Arbeit waren. Gewöhnlich kamen solche Filme zu einer Uhrzeit, zu der sie praktisch niemand sehen konnte. Die Serie hatte keine besondere Handlung. Ein alter, einsamer Mensch stirbt, Ärzte kommen, dann irgendwelche unbekannten Leute. Sie tun etwas. Der Hund beobachtet alles. Er sitzt bei dem Leichnam seines verstorbenen Herrchens. Es ist Nacht. Eine Kerze brennt. In der nächsten Einstellung ein gleißender, schwarzweißer Wintertag. Eine kleine Trauerprozession zieht zum Friedhof. Der Hund geht durch den Schnee dem Sarg seines Herrchens hinterher. Der Alte wird begraben. Der Hund bleibt allein. Nach einiger Zeit kehrt er nach Hause zurück, aber er hat kein Zuhause mehr. Die Tür ist geschlossen, niemand öffnet.

Mir ist das seltsame Gefühl in Erinnerung geblieben, das dieser Film auslöste. Der Frosttag, den ich krank am Fenster verbracht habe, und die traurige Schwarzweißgeschichte vom alten Mann und dem Hund, der im Land des Glücks lebte. Doch an einem Wintertag endete das Glück.

# 29

Njamiha wurde schon vor langer Zeit abgerissen. Zuerst verwandelte man es in eine große Dekoration, in eine gigantische Ruine, in der verschiedene Filmteams aus der ganzen Sowjetunion Kriegsfilme drehten. Wieder explodierten hier Geschosse, ratterten Maschinengewehre, loderten Brände, fuhren Panzer mit Hakenkreuzen und roten Sternen. Dann kamen die Bagger.

Mir tat es leid um dieses Viertel, in dem es nach einfachem, warmem, menschlichem Alltag roch. Ich konnte lange nicht verstehen, warum sie das machten, warum diese schrecklichen Fahrzeuge mit ihren großen, tonnenschweren Kugeln auf die Wände meiner Kindheit einschlugen. Warum wird diese kleine, schöne Welt zerstört, in der das Haus mit dem klugen Schrank stand, die verhaßte Nachtkrippe, die kleinen Bäckereien mit dem Duft von frischem Brot, wo die alten Kurden in Holzbuden saßen und für einige Kopeken den vorbeigehenden Lokaldandys die Schuhe putzten und die alten Frauen die frischgewaschene Wäsche in den kleinen Höfen aufhängten. Wo Glasschneider, Katzen und die Hunde mit den klugen Augen umherliefen, wo der betörende Duft des Kaminrauchs in der Luft hing. Ich verstand nicht, warum der Leib der alten Stadt getötet wurde, denn Njamiha war der Leib des alten Minsk. Ohne ihn zerfiel Minsk in zersplitterte Vorstädte, spaltete sich, wurde zum Gespenst.

Viele sagten später, das sei die Fortsetzung dessen gewesen, was das Imperium hier schon seit vielen Jahren tat. Ich glaube, daß es die Sonnenstadt war, die neuen Lebensraum brauchte. Solange Njamiha lebte, war die Sonnenstadt nicht allein in der Stadt. Njamiha war ihr alter Konkurrent und

Gegner. Solange der schlief, konnte sie nicht in die Welt der süßen Träume entschwinden, denn sie ist schließlich die Sonnenstadt der Träume, und Njamiha ist die Schlaflosigkeit, die Stadt, die nicht schläft. Njamiha weckte sie, ließ sie nicht einschlafen. Sie war die schlaflose Nacht und die Sonnenstadt war der Sonnentag. Früher oder später mußte die Sonnenstadt Njamiha ersticken.

Doch all das, was in den siebziger Jahren an der Stelle des abgerissenen Njamiha entstand, hatte mit der Sonnenstadt schon nichts mehr zu tun. Sie konnte nur in den dreißiger, vierziger und fünfziger Jahren neue Räume erobern, als die Kraft des Stils und die Kraft des Glaubens noch lebten. In den siebziger Jahren war der Glaube schon weg, daher geriet das, was als Fortsetzung der Sonnenstadt erschien, zur talentlosen Fälschung.

Später verstand ich, daß es noch einen Grund für die Ermordung Njamihas gegeben hatte. Schon auf ihrem Namen lag der Fluch der blutigen Ufer. Alles, was mit ihm verbunden war, starb und verschwand unausweichlich. Am Ufer des Flusses Njamiha fand im Jahr 1067 eine Schlacht statt, mit der die Geschichte von Minsk begann. Die vereinten Truppen der Fürsten von Kiew, Tschernigow und Perejaslawl – Isjaslaw, Swjatoslaw und Wsewolod – zerschlugen das Heer des Fürsten Wseslaw von Polozk, nahmen die Stadt ein und ermordeten aus Rache alle Einwohner. »An der Njamiha breiten sie Köpfe wie Garben aus; sie dreschen mit Dreschflegeln aus Stahl. Leben legen sie auf die Tenne, und wie die Kornschwinger tun, worfeln sie aus den Leibern die Seelen.«* So beschrieb der Chronist im Igorlied die Ereignisse.

---

* Zitiert nach der Übertragung von Rainer Maria Rilke. Das Igorlied: eine Heldendichtung. Frankfurt 1989.

Die Schlaflosigkeit wurde zum unterirdischen Wasser dieses Landes, zum Todesfluß, der die Seelen der in den zahllosen Kriegen Getöteten davontrug. Acht Jahrhunderte nach der blutigen Schlacht an ihren Ufern trocknete die Njamiha aus, sie wurde in Röhren geleitet und verschwand unter der Erde. Doch auf der Oberfläche blieb die Stadt Njamiha, die erst einhundert Jahre später dem Fluß unter die Erde folgte. An dieser Stelle wurde eine breite Ausfallstraße gebaut. Einige Jahre später erschien eine Metrostation, ungefähr an der Stelle, wo die Schlacht an den blutigen Ufern stattgefunden hatte. Sie heißt ebenfalls Njamiha. Und noch einige Jahre später ereignete sich hier ein schreckliches Unglück. Der unterirdische Fluß holte sich das Leben von fünfzig Kindern. Dieses Opfer wird noch schrecklicher, wenn man die Umstände kennt.

Es geschah an einem ganz gewöhnlichen Sonntag im Sommer. Vom frühen Morgen an stand die Hitze in der Stadt. Die Luft war feucht, wie vor einem Gewitter. Am Abend breitete sich wie im Flug eine schreckliche Nachricht in der Stadt aus. Noch wußte niemand genau, was passiert war, aber alle wußten, daß es etwas Schreckliches war.

An diesem Tag fand auf dem Feld neben der Metrostation Njamiha ein Konzert statt, zu dem einige tausend Zuschauer gekommen waren, vor allem Studenten und Schüler. Plötzlich tat sich der Himmel über dem Platz auf, und eine Wasserwand schoß hernieder. Augenzeugen erzählten, daß es kein starker Regen, sondern wirklich eine Wasserwand gewesen sei, ein Fluß, der sich genau auf die Stelle ergoß, an der sich einst die blutigen Ufer der Njamiha befunden hatten. In anderen Teilen der Stadt regnete es zu dieser Zeit entweder überhaupt nicht, oder es fiel ein ganz gewöhnlicher, sanfter Regen. Die Jugendlichen rannten zur

Metrostation, um sich unterzustellen. Hunderte Menschen strömten zu dem unterirdischen Durchgang, der zur Njamiha führte. In dem Durchgang entstand ein schreckliches Gedränge, in dem fünfzig Menschen starben. Alles spielte sich fast genauso wie tausend Jahre zuvor ab. »An der Njamiha breiten sie Köpfe wie Garben aus; sie dreschen mit Dreschflegeln aus Stahl. Leben legen sie auf die Tenne, und wie die Kornschwinger tun, worfeln sie aus den Leibern die Seelen.« Der Fluch der blutigen Ufer rief sich wieder in Erinnerung. Der Fluß ergoß sich über genau diese Stelle und riß die Kinder dieser Stadt mit sich, die an seinen Ufern starben, dieses Mal allerdings unter der Erde, denn die Njamiha war schon viele Jahre ein unterirdischer Fluß.
Die blutigen Ufer des unterirdischen Flusses, die blutigen Ufer der Schlaflosigkeit.

30

Von den vielen Kriegsfilmen, die ich in meiner Kindheit gesehen habe, ist mir *Die Uhr blieb auf Mitternacht stehen* über den Mord an Wilhelm Kube in Erinnerung geblieben, der während der Okkupation Generalkommissar des Dritten Reichs für Weißruthenien war. Der Minsker Untergrund verurteilte den Gauleiter zu Tode, kam aber lange nicht an ihn heran, bis es dem Widerstand gelang, eine Bedienstete im Haus von Wilhelm Kube anzuwerben, die das Urteil vollstreckte. Der Film hatte etwas sehr Aufrichtiges und zugleich Grausames. Am Ende sang die Heldin für die deutschen Offiziere auf einem Bankett im Haus des Gauleiters ein sehr berührendes weißrussisches Lied. Anschließend ging sie ins Schlafzimmer und legte Kube eine Bombe mit Zeitzünder unter die Matratze. Viele Jahre später erfuhr ich die andere Wahrheit dieses Urteils. Der Mord an Wilhelm Kube war in Moskau geplant worden, das einen Spezialagenten nach Minsk schickte, der das Attentat organisierte.

Kube gehörte zu jenen wenigen hochgestellten Figuren des Dritten Reichs, die man als Pragmatiker bezeichnen kann. Es ist bekannt, daß er half, weißrussische Künstler aus dem Lager zu holen und weißrussische Schulen zu eröffnen, und daß er weißrussische Zeitungen erlaubte. Wenn in Minsk ein typischer Sadist gesessen hätte, wie die Gauleiter in vielen anderen besetzten Gebieten es gewesen waren, dann hätte das Moskau gut in den Kram gepaßt. Aber ein Mensch, der versuchte, die Sympathie der lokalen Bevölkerung zu gewinnen, war gefährlich für Moskau.

Als der Anschlag in Moskau geplant wurde, wußte man dort, daß dafür einige tausend Menschen aus der Stadt hingerichtet werden würden. Jeder Partisan, der einen deutschen Soldaten tötete, wußte, daß dafür hundert unschuldige Menschen erschossen werden. Die Zahl hing vom Rang und der Bedeutung des Getöteten ab. Für den Anschlag auf Kube wurden in Minsk dreitausend Menschen hingerichtet. Das waren die Regeln dieses offenen und grausamen Spiels. Die einen verurteilten dreitausendundeinen Menschen zum Tode, die anderen vollstreckten das Urteil.

Alles, was mit dem letzten Krieg zusammenhing, wurde im Land des Glücks in die Wahrheit des Imperiums einbetoniert. Die andere Wahrheit trat zutage, als der Beton Risse bekam, als das Land der Träume in Krämpfen erwachte. Eine dieser unanfechtbaren Wahrheiten lautete, daß Minsk während des Krieges von den Deutschen zerstört worden war. In Wirklichkeit hatten diese die nahezu unversehrte

Stadt am sechsten Tag des Krieges kampflos eingenommen. Während der vier Jahre, in denen Minsk besetzt war, wurde die Stadt von der sowjetischen Luftwaffe bombardiert. Meist kam sie an Feiertagen und brachte Geschenke von Stalin. Das erste Mal erschienen die Bomber am Jahrestag der Oktoberrevolution über der Stadt. In einem anderen Kriegsfilm, den ich als Kind sah, fliegen die Bomber am schwarzen Himmel über die Stadt, die sie mit ihrem Sirenengeheul und den Strahlen der Suchscheinwerfer empfängt. Dies waren die Geburtsstrahlen der Stadt, die Strahlen ihrer aufgehenden Sonne, die aus den Ruinen in den schwarzen Samt des Nachthimmels aufstieg. Die Sonnenstadt wurde im Leib des Krieges empfangen, durch seinen Triumphbogen trat sie hinaus in den leeren Raum einer anderen Stadt, welche ihre Mutter gefressen hatte, als sie ihr Kind austrug.

Später wurde die Stadt nicht nur an sowjetischen, sondern auch an religiösen Feiertagen bombardiert. Für Stalin war alles, was sich hinter der Frontlinie befand, Feind und konnte liquidiert werden. Bei einem dieser Angriffe fiel eine Bombe in die Kirche der Benediktinerinnen, als dort der Ostergottesdienst gehalten wurde.

Minsk wurde nicht nur von Flugzeugen zerstört. Die Stadt erlitt auch Verluste, als sie 1944 gestürmt wurde. Die Flugzeuge trugen aber das Ihre zur Säuberung der gigantischen Fläche bei, auf der nach dem Krieg die ideale Geometrie der Stadt für die Geometrie der Errichtung einer idealen Gesellschaft dienen sollte.

Viele Jahre nach dem Krieg erzählte die Witwe von Wilhelm Kube, daß dieser geplant habe, südlich von Minsk die heilige Stadt Asgard zu bauen, da er glaubte, die heilige Erde der germanischen Götter habe sich auf dem Gebiet des heutigen Weißrußland befunden. Welch seltsame und grausame Ironie, daß die Sonnenstadt gerade von Deutschen gebaut wurde, von deutschen Kriegsgefangenen, die bis 1956 auf den Baustellen dieser Stadt arbeiteten. Mit den Händen ihrer Brigaden wurden die prächtigen Paläste, die riesigen Straßen und Plätze eines andern Asgard, der heiligen Stadt einer ganz anderen Mythologie errichtet.

31

Daß die Sonnenstadt gerade in Minsk Fleisch ward, war keine Laune der Geschichte. Die Stadt, die ihre Geschichte als Friedhof begonnen hatte – mit den blutigen Ufern der Njamiha –, wurde zum Friedhof für tote Städte. Auf ihrem Gebiet wurden mehrere Minsks geboren und wieder zu Staub. Die Stadt war in der Geschichte mal katholisch, mal uniert, mal orthodox, mal jüdisch, mal barock, mal eine Gouvernementstadt, mal eine sowjetische, mal eine imperiale Stadt. Nach jedem Tod stand die Stadt nicht in Fortsetzung der Tradition wieder auf, sondern als vollkommen andere Stadt, die nichts mehr mit der vorangegangenen gemein hatte, weder in der Ästhetik noch in der Alltagswelt, der Mythologie und der Religion ihrer Bewohner. Als wären in mehreren Wellen Nomaden über diesen Ort gezogen, hätten sich hier angesiedelt und wären nach einiger Zeit wieder fortgegangen, um die ganze Stadt mit sich zu nehmen und nur den Staub einer Kulturschicht zu hinterlassen, unterirdische Energiefelder und über das ganze Gebiet der ehemaligen Stadt verstreute Relikte.
Kann es einen besseren Platz für die Errichtung der Sonnenstadt geben, für Utopia, die Insel, die es nicht gibt, als ein

Land, das es nicht gibt, bewohnt von einem Volk, das es nicht gibt, in einer Stadt, die es nicht gibt?
Hätte sich die Sonnenstadt als physischer Körper in einer geeigneteren Stadt ansiedeln können? Die Sonnenstadt konnte sich nur in einer körperlosen Stadt verwirklichen. Der reale physische Körper jeder anderen Stadt hätte sie einfach abstoßen, in einen unversöhnlichen Konflikt mit ihr geraten müssen und wäre dann entweder selbst gestorben oder hätte die Sonnenstadt erstickt. Genau das passierte mit dem Hauptprojekt für die Sonnenstadt.
Die ideale Stadt der großen Utopie sollte natürlich nicht in Minsk, sondern in Moskau erbaut werden, dem Zentralaltar des kommunistischen Projekts. Gerade Moskau und nur Moskau hätte die wahre Sonnenstadt werden sollen. Minsk hingegen wurde nur als Ouvertüre für die ideale Stadt gebaut. Als luxuriöser Triumphbogen, als monumentales Tor zur wahren Sonnenstadt. In Moskau erfüllten die Schöpfer des Hauptprojekts allerdings nicht die Bedingung, die erfüllt sein muß, damit es umgesetzt werden kann. Sie töteten den Körper der alten Stadt nicht. Sie rasierten den Kreml, die Taganka, den Arbat, die Petrowka und all die anderen Straßen, die Basilius-Kathedrale und das Viertel jenseits der Moskwa nicht ab. Die Hand der Erbauer schreckte davor zurück, dieses furchtbare Opfer zu bringen, denn sie hätten Marduk nicht nur die Stadt opfern müssen, sondern den Körper ihrer Kindheit, den Körper ihres Lands des Glücks. In Minsk und in jeder anderen weißrussischen Stadt fiel ihnen das leicht, denn dort hatten sie viele Jahre ohne Mitleid Stadt um Stadt zerstört. In Moskau führten sie nur Teilamputationen durch. Daher ertrank das Hauptprojekt einer idealen Stadt einfach im Körper des alten Moskau, das eine gigantische eklektische An-

häufung blieb und in der die Fragmente der Sonnenstadt bloß Einsprengsel in den Twerskoj Boulevard und die Patriarchenteiche, in Stadtteile wie Zarjadja und Straßen wie die Stoleschnikowgasse sind.
In Minsk wurde das Eingangstor zur idealen Stadt als komplettes städteplanerisches Projekt realisiert. Diese Bestimmung ließ die Ouvertüre zur Sonnenstadt selbst zu einer Stadt werden, die als einheitlicher Körper nur hier und nirgends sonst Fleisch ward.

## 32

Am besten fährt man jedoch mit dem Auto nach Minsk hinein, spätabends, gegen Mitternacht. Zu dieser Zeit ist die Sonnenstadt schon fast leer, aber die Beleuchtung der Palastensembles ist noch nicht vom heraufdämmernden Tag ausgeschaltet. Die Gebäude wirken besonders feierlich und monumental. Die künstliche Beleuchtung unterstreicht wichtige Details und taucht Unwesentliches, das Sie bei Tag sehen, in Finsternis. Die Fassaden der Paläste sehen aus wie Negative. Licht und Schatten sind vertauscht. Am Tag kommt das Licht von oben und zeichnet die Schatten abwärts. Jetzt aber kommt das Licht von unten, und die Schatten streben erhaben dorthin, von wo Sie gekommen sind, in den schwarzen Abgrund des Nachthimmels. Müßte ich eine Musik auswählen, die diesem Zustand der Stadt am besten entspricht, würde ich mich ohne Zögern für *Memorial* von Michael Nyman aus Peter Greenaways Film *Der Koch, der Dieb, seine Frau und ihr Liebhaber* entscheiden.
Zu Fuß brauchen Sie für die acht Kilometer vom westlichen zum östlichen Rand der Sonnenstadt etwa anderthalb Stun-

den. Mit dem Auto dauert es ungefähr so lange, wie *Memorial* läuft, etwas weniger als zwölf Minuten. Wenn Sie zu Nymans Musik gemächlich über den Prospekt zwischen seinen traurig und erhaben tönenden Fassaden gefahren sind, wird Sie vielleicht eine seltsame Leidenschaft für diese Stadt ergreifen. Sie nehmen ihren nekroromantischen Eros wahr. Der in den schwarzen Abgrund der Nacht gerichtete Blick der steinernen Gesichter wird Sie durchdringen, wie er aus der einsamen Masse der dunklen Augenhöhlen unter dreieckigen Brauen hervorstiert.

In meiner Kindheit hatte der Prospekt noch keine so wirkungsvolle Beleuchtung wie heute. Wenn die Nacht in die Stadt kam, wurde er zur finsteren Schlucht, deren Wände über den kleinen Gestalten der Passanten hingen, die Richtung Moskau oder Berlin unterwegs waren. Rechts und links der Fahrbahn standen in regelmäßigen Abständen Laternen, die ein kränkliches Licht verströmten. Wenn ein Mensch über den Prospekt ging, warf er zwei Schatten auf den Gehweg, einen nach Westen, einen nach Osten. Im Verlaufe seines Marsches wechselten die Schatten immer wieder die Rollen. Jeder wurde mal länger, dann wieder kürzer. Kam der Fußgänger an die Stelle, wo die Laternen gleich weit von ihm entfernt standen, waren die Schatten gleich lang. Aber mit jedem weiteren Schritt begann der eine wieder zu wachsen, und der andere schrumpfte.

Reklame gab es damals auf dem Prospekt noch fast keine. Allein die Aushänge der wenigen Restaurants und einiger Geschäfte leuchteten bei Nacht mit ihrem Neonlicht. Über den Bögen des Kinos, das am Prospekt stand, zog sich der lange, horizontale Namenszug über die Fassade. Die Buchstaben erschienen nicht gleichzeitig, sondern nacheinander. Zuerst leuchtete ein großes, rotes Z am rechten Rand des

Gebäudes auf und wanderte rasch zur linken Seite. Dann sprang ein E hervor und flog über die Fassade dem Z hinterher. Dann erschien ein N und holte die ersten beiden im Galopp ein. Die Buchstaben rasten so schnell, daß es schien, als müßte ihr Schwung diejenigen, die schon an ihrem Platz standen, umwerfen. Aber sie reihten sich alle zu einem großen, rot leuchtenden Wort – ZENTRAL. Nach einigen Augenblicken verschwand das Wort wieder in der Dunkelheit.

## 33

Wenn die kommunistische Utopie ein Projekt zur Errichtung des allgemeinen Glücks war, dann mußte die ideale Stadt die Ästhetik des Glücks erschaffen, deren Ausgestaltung davon abhing, wie sich die Erbauer dieser Utopie das Glück vorstellten. Die Traumästhetik des Arbeiter- und Bauernstaats war mit den Dingen verbunden, deren die unterdrückten Klassen zuvor beraubt gewesen waren: mit den Träumen von einem schönen, reichen Leben. Der Mensch der kommunistischen Zukunft sollte nicht in armseligen Hütten und Plattenbauten leben, sondern in prächtigen Palästen, von den schönsten Parks mit Brunnen und Skulpturen umgeben. Zwischen den Palästen sollten breite Alleen verlaufen, umspielt von exotischen Blumen und dem Grün der Bäume. An den wichtigsten Orten der Sonnenstadt mußten sich majestätische Plätze befinden, auf denen sich die glücklichen Einwohner zu fröhlichen Festen und Massenparaden versammeln.

Die zentrale Straße der neuen Stadt, der Prospekt, wurde zu Ehren des obersten Gottes nach Stalin benannt. Später

wurde sie umbenannt und erhielt den Namen des zweiten Gottes, Lenin. Als die Götter gestürzt worden waren, den von Skaryna*, schließlich wurde sie Prospekt der Unabhängigkeit genannt. Doch der treffendste Name wäre wohl Sonnenprospekt, da er von West nach Ost verläuft und am Aufgang der Sonne orientiert ist, das heißt an dem Ort, an dem die Sonnenstadt eigentlich stehen sollte, am Hauptaltar des Lands des Glücks – an Moskau. Der Prospekt ist heute achtzehn Kilometer lang. Zur idealen Stadt gehören davon aber weniger als die Hälfte, von West nach Ost sind es nur acht Kilometer.

Entlang der Zentralstraße wurden gigantische Plätze angelegt – der Leninplatz (Platz der Weisheit), der Stalinplatz (Platz des Metaphysikers), der Platz des Sieges (Viktoriaplatz), der Kolos-Platz (Koloß-Platz) und der Kalinin-Platz (Platz der Liebe). Der Torplatz der Sonnenstadt liegt etwas abseits der Hauptachse. Er bildet die Krone zweier Straßen, die parallel zum Prospekt verlaufen, des Marx-Prospekts und des Kirow-Prospekts. Bei Campanella hatte die Sonnenstadt sieben Ringe. In der Sonnenstadt der Träume sind es bloß sechs – sechs Ringplätze. Diese Abweichung ist eher logisch, schließlich ist die Sieben nicht die Zahl der Traumstadt.

Wenn man sich vom Leninplatz, dem größten der Plätze, nach Osten aufmacht, beginnt der Prospekt rechter Hand mit dem Postpalast. Dann lassen Sie einige Volkspaläste hinter sich, bevor linker Hand der Palast der Staatssicherheit folgt, der einen ganzen Häuserblock einnimmt. Das Haupt-

---

* Francis Skaryna (1490-1552), Humanist aus Polozk. Studium in Krakau und Padua, 1512 Doktor der Medizin. Verfasser der ersten weißrussischen Bibelübersetzung, die er 1517-1519 in Prag druckt und damit den ostslawischen Buchdruck begründet. (Anm. d. Übers.)

portal geht auf den Prospekt hinaus, vier nicht proportionale Säulen und eine Rotunde auf dem Dach, die Berija persönlich dem Entwurf hinzugefügt haben soll. Angeblich existieren unter der Erde noch mal so viele Stockwerke wie oberhalb, und das Gerücht weiß ferner, daß vom Palast der Staatssicherheit ein Tunnel zum Pistschalow-Schloß verläuft. Das Pistschalow-Schloß ist der Tower der Sonnenstadt, das alte Stadtgefängnis, das im 19. Jahrhundert als Schloß gebaut wurde. Neben dem Schloß ragt ein grauer Zahn in den Himmel – das Archiv des Innenministeriums. Einsam steht er auf dem Berg, nicht weit vom Prospekt, und vollendet mit dem Gefängnis die Komposition des Kafkaschen Schlosses.

Nun müssen Sie nur noch am Handelspalast und dem Palast der Zentralbank vorbeigehen, um auf dem Zentralplatz der Sonnenstadt anzukommen. Alles, was hier steht, gehört dem Metaphysikus. Früher gab es hier ein riesiges Denkmal für den Obermetaphysikus im Land des Glücks. Heute befinden sich dort der Präsidentenpalast, der früher Palast der Partei hieß, der Palast der Republik, das Kriegsmuseum, der Gewerkschaftspalast und der Palast der Offiziere. Während des letzten Kriegs fanden hier öffentliche Hinrichtungen statt. Im alten Alexandergarten stand neben einer Knabenskulptur der Galgen, an dem die Partisanen gehängt wurden. Hier sehen Sie auch die Granittribünen, auf der die Parteiführer während der Paraden thronten. Auch auf dem benachbarten Platz der Weisheit fanden große Feiertagsparaden statt. Dann wurde dort neben dem Lenindenkmal eine provisorische Tribüne errichtet und mit rotem Kattun umhüllt.

# 34

In meiner Kindheit liebte ich Festtage über alles. Später waren sie nur noch Pflicht, ein Ritual, bei dem man Geschenke kaufen, am Tisch sitzen und gratulieren mußte. Dann verschwanden sie aus meinem Leben. Aber in meiner Kindheit waren es echte Festtage. Schon lange vor dem eigentlichen Tag spürtest du, wie er sich näherte, fingst an, die Tage zu zählen, und mit jedem Tag, den er näher rückte, wurde deine Aufregung größer und größer, bis sie schließlich in den Jubel des Festes überging. Im Land des Glücks gab es sechs Festtage – neben Neujahr den Tag der Revolution, den Tag der Arbeit am Ersten Mai, den Tag des Sieges, den Männertag und den Frauentag.
Der Lieblingsfesttag der Kinder in der Sonnenstadt war Neujahr. Die Begeisterung wurde durch die zweiwöchigen Ferien gesteigert, in denen wir nicht in die Schule mußten. Dazu fielen in diese Zeit noch drei Geburtstage. Am ersten Januar hatte mein Freund Igor Brandin Geburtstag, zu dem ich über die Betonpyramide kletterte. Am zweiten hatte Hanna, meine erste Verlobte, Geburtstag und am sechsten ich. Natürlich waren wir an all diesen Tagen beieinander zu Besuch und stopften uns mit großen, runden Torten voll, in die Kerzen gesteckt waren. Weit gehen mußte man nicht, wir wohnten ja im gleichen Haus auf verschiedenen Etagen. Am liebsten ging ich zu Hanna. Dort war ich als auserwählter Bräutigam der einzige Junge unter all den vielen Mädchen. Im Kindergarten waren wir unzertrennlich, deshalb nannte uns der ganze Hof Braut und Bräutigam. Vielleicht wären wir es wirklich einmal geworden, aber Hannas Eltern verließen die Sonnenstadt noch viel früher als die anderen jüdischen Familien, und aus Amerika schrieb sie mir nicht mehr.

Von den anderen Festtagen liebte ich am meisten den Tag der Revolution und den Ersten Mai. Am Tag der Revolution waren ebenfalls Ferien, was das Festtagsgefühl verstärkte. An diesen Tagen wurden im Fernsehen die Parade und die Festtagsdemonstration der Werktätigen gezeigt. Meine Mutter ging schon sehr früh zur Demonstration, ich schaltete noch halb verschlafen den Fernseher ein und schaute durch meinen glücklichen Schlaf hindurch die Übertragung vom Roten Platz. Wenn es der Tag der Revolution war, dann kam zuerst die Militärparade.

Auf dem Bildschirm erschien der Rote Platz. Er lag in feierlicher Erwartung. Die Regimenter standen in gleichmäßigen Rechtecken auf dem Platz und warteten darauf, daß der Metaphysikus und seine Mitstreiter die Zikkurat des Mausoleums erstiegen. Aber sie waren noch nicht da. Auf dem Bildschirm erschien in regelmäßigen Abständen die Zentraluhr des Lands des Glücks, die Uhr im Spasskij-Turm des Kremls. Die Übertragung begann immer früher, damit man eine feierliche Pause einlegen konnte. Wieder eine Großeinstellung der Turmuhr. Der Minutenzeiger ging auf die Zehn zu. Alle warteten ungeduldig.

Punkt zehn trat der Metaphysikus heraus. In meiner Kindheit hieß er Breschnew. Dann erschienen Liebe und Weisheit, ihnen folgten Mut, Keuschheit, Justitia, Fleiß, Wahrheitsliebe, Kosmograph, Geometer, Historiograph, Poet, Logik, Rhetorik, Grammatik, Medizin, Physik, Politik, Moralist und so weiter. Macht war bereits auf dem Platz. Er war in zwei offenen Limousinen gekommen und begann nach der Ankunft des Metaphysikus, die Rechtecke abzufahren. Wenn er bei einem angekommen war, begrüßte er es. Es schrie zur Antwort Gaf-Gaf-Gaf, und er fuhr weiter. Nachdem er die Rechtecke abgefahren hatte, stieg er auf das

Podest und erstattete dem Metaphysikus Bericht. Die Parade begann. Die Rechtecke gerieten in Bewegung. Meine geliebten Axonometrien bewegten sich über den Bildschirm. Die Parallelepipeden schritten eines nach dem anderen in die schwarze Tiefe.

Von Zeit zu Zeit erschien der Metyphysikus in Großaufnahme. In der Pose eines Römers grüßte er die vorbeischreitenden Reihen. Dann kamen Fahrzeuge mit Raketen. Hinter ihnen fuhren Panzer. Dann kamen große Fahrzeuge mit großen Raketen. Hinter den großen Raketen gingen immer die Demonstranten. Sie zerstörten die strenge Geometrie, ergossen sich wie eine wabernde Masse, aus der die flachen Köpfe der Führer, die Luftballons und die roten Transparente herausstachen, auf den Platz.

Manchmal war ich selbst in dieser Masse. Ab und zu nahm mich meine Mutter mit zur Demonstration. An solchen Tagen kannte meine Begeisterung keine Grenzen. Wir standen früh auf, um sechs oder sieben. Die Kolonnen versammelten sich lange vor dem offiziellen Beginn, und vorher mußten wir irgendwie zum Sammelplatz gelangen. Das Zentrum war für den Verkehr bereits gesperrt, deswegen gingen wir einen Teil des Wegs zu Fuß. Wir marschierten in der Kolonne der Schuhfabrik. Als meine Mutter und ich am Sammelplatz ankamen, waren die Menschen, die uns empfingen, schon dabei, ungespielte Freude einzuüben. Wir konnten spüren, daß dieser Tag für sie wirklich ein Festtag war.

Zu einer festgelegten Zeit begannen die Kolonnen aus der ganzen Stadt sich Richtung Sonnenstadt in Marsch zu setzen. Sie kamen aus den Fabrikvorstädten, aus den gigantischen Traktoren-, Auto-, Motor- und Werkzeugmaschinenfabriken, in denen Hunderttausende Menschen arbeiteten.

Ihr Ziel war der Prospekt, wo sie sich in einer einzigen unendlichen Kolonne sammelten, um über den Platz der Sonnenstadt zu schreiten.

Ein oder zwei Stunden brauchte unsere Kolonne, um über Seitenstraßen zum Prospekt zu gelangen. Je näher er kam, desto größer wurde die Aufregung. Schließlich ergossen sich die Reihen unserer Fabrik in der Nähe des Palasts der Staatssicherheit in die gigantische Menschenmasse, die bereits über den Prospekt schritt. Wir bogen nach Osten ab und bewegten uns auf den Zentralplatz zu, wo die Tribünen standen. Von dort war ein ständiges begeistertes Hurr-aa aus Tausenden Mündern zu hören. Die Tribünen kamen näher und näher. Huurr-aaa! Immer lauter und lauter. Als wir schließlich ganz nah an die Tribünen herangekommen waren, ergriff dieses Hurra! alles um dich herum und auch dich selbst. Huuuurrrrr-aaaaa! Die Kolonnen schrien den Gruß hinauf zu den Tribünen, auf denen die lächelnden Hohenpriester der Sonnenstadt standen.

Dies war der Höhepunkt des Tages. Vollkommene Begeisterung und ein totales Glücksgefühl. Dann schritten die Kolonnen weiter zum Viktoriaplatz, dort löste sich die Demonstration auf. Die Menschen gingen nach Hause, wo sie schon von gedeckten Festtagstischen erwartet wurden, die sich unter der aufgetürmten Mangelware bogen. Abends war gewöhnlich die ganze Stadt betrunken. Am nächsten Tag ging das Tafeln weiter, die Euphorie aber schwand langsam. Das Fest ging zu Ende.

Der Männertag und der Frauentag waren mir egal. Sie waren für mich keine Feiertage, vielleicht weil es keine Ferien gab. Den Tag des Sieges mochte ich nicht. Ich fand, daß er etwas Depressives hatte. An diesem Tag erinnerte zu vieles an den Tod. Während der zwei Wochen vor dem Tag des

Sieges liefen im Fernsehen Kriegsfilme. Ständig wurde jemand erschossen, verbrannt, umgebracht. Die Sonne stand schon hoch über der Stadt wie im Sommer, aber die Parks begannen nach dem langen Winter gerade erst grün zu werden. Die Stadt war staubig und irgendwie verwaist.
Am Tag des Sieges marschierten die Veteranen. In einer unendlichen Kolonne liefen alte Männer und Frauen über den Prospekt zum Platz des Sieges. Sie waren über und über behängt mit den Plaketten und Sternen ihrer Orden und Medaillen. Mir schien, als verströmte diese Kolonne Leichengeruch.

## 35

Folgt man dem Prospekt vom Platz des Metaphysikus nach Osten, so kommt man nach einigen Volkspalästen und einem finsteren, namenlosen Palast ohne Tafel am Eingang und mit Antennen auf dem Dach zu den Paradiesgärten der Sonnenstadt. Diese grüne Achse verläuft senkrecht zum Prospekt und verbindet mehrere riesige Parks zu einem Kranz. Der Prospekt unterbricht sie mit zwei knapp einen Kilometer langen Balustraden. Auf jeder stehen im Abstand von zwanzig Schritten weiße antike Vasen. Am Beginn der rechten Balustrade steht das Kolosseum für die Kinder der Sonnenstadt, ein rundes, von einer korinthischen Kolonnade umgebenes Zirkusgebäude.
An dieser Stelle durchschneidet der Prospekt den Fluß Swislotsch, der durch die Parks fließt und wie ein Geschmeide mit kleinen Seen behängt ist. Zum nächsten Platz hin macht die Achse eine Kurve und öffnet sich zum Prospekt. Linkerhand liegt an der Biegung des Flusses im Hin-

tergrund der Sitz von Macht – der prächtige Palast des Generalstabs. Ein Stück weiter rechts erhebt sich das finstere graue Schloß der Oper, das vor dem Krieg unvollendet gebliebene Große Theater, das wie ein vergrößertes Abbild der Engelsburg in Rom aussieht.

Wenn Sie auf der Brücke über die Swislotsch gehen, kommen Sie zum zweitwichtigsten Ort der Stadt, dem Viktoriaplatz. Im Westen von Parks umgeben, im Osten von Volkspalästen, die in einem Halbkreis stehen, hat er die Form eines Ovals. In der Mitte erhebt sich ein Denkmal zu Ehren des Sieges, eine majestätische Stele, in deren Sockel bronzene Basreliefs eingelassen sind, die die Götterhelden des letzten Kriegs zeigen. Neben der Stele brennt das ewige Feuer zu Ehren der gefallenen Helden.

Am Viktoriaplatz liegt ein weiteres wichtiges Symbol der Sonnenstadt. In der Tiefe des Platzes, näher zum Park hin, steht ein kleines Häuschen. In diesem Häuschen fand am Ende des vorletzten Jahrhunderts der erste Parteitag stand. Im Land des Glücks war diese unansehnliche Hütte ein sakraler Ort, denn hier wurde das Kind geboren, das zwanzig Jahre später für die Revolution sorgte.

Gehen Sie vom Viktoriaplatz weiter nach Osten, reihen sich rechts und links weitere Volkspaläste aneinander. Diese seltsamen Gebäude sind anders als die anderen Paläste in der Sonnenstadt. Sie sehen aus wie Paläste, sind aber keine. Am ehesten sind es Palastmasken, die von unsichtbaren Händen speziell Ihnen, dem Passanten, der zufällig durch die Sonnenstadt streift, präsentiert werden. Hinter jedem Palast liegt ein kleiner Park. Früher standen dort Skulpturen, Brunnen und in einigen sogar Theaterbühnen, die leider nicht erhalten sind.

## 36

In meiner Kindheit gab es Plätze oder Straßen, die ich nicht mochte. Aber die Höfe der Sonnenstadt liebte ich alle. In ihr gab es fast keine Schachthöfe, zugebundene Steinsäcke, wie es sie in vielen europäischen Städten gibt. Die Höfe in der idealen Stadt waren kein geschlossenes Privatgelände für die Bewohner eines Hauses, sondern öffentliche Plätze, auf denen sich ein Großteil des Lebens abspielte. Jeder Hof in der Sonnenstadt war eine kleine Oase, in der man sich vor der sengenden Sonne der Plätze und Straßen schützen konnte, vor der imperialen Architektur, die dich mit strengem Blick im Auge hatte, vor der Geometrie, die um des Goldenen Schnitts willen geschaffen worden war, bei der man aber aus irgendeinem Grund vergessen hatte, Platz für dich zu lassen.

Eigentlich waren die Höfe kleine, von den rechteckigen Häuserblocks begrenzte Anlagen. Diese Hofparks waren in der Sonnenstadt so etwas wie die Diagonalen des Protests, eine Alternative zu der straffen Regularität der Geometrie. Wenn ich zu Fuß von einem Punkt in der Sonnenstadt zu einem anderen gelangen mußte, dann war es sinnlos, durch die rechtwinklig angelegten Straßen zu gehen. Da ich wußte, daß jeder Häuserblock ein Quadrat ist, in dessen Inneres mehrere Bögen führen, konnte ich an der einen Ecke hineingehen, durch den Park laufen und an einem anderen Ort in der Stadt herauskommen. Da alle Bewohner der Stadt das wußten, bewegten sie sich auch alle in der Diagonalen über die Fläche der Stadt. Natürlich waren die Höfe die Fortsetzung der Straßen, manchmal waren sie sogar genauso belebt wie die Prospekte, die sie umgaben. Vielleicht war dies die unbewußte Absicht jener, die die Stadt geschaffen hatten.

In der Sonnenstadt durfte es außer einigen nichtöffentlichen Höfen keinen geschlossenen, privaten Raum geben. Das Privatleben hatte kein Recht zur Isolierung. Jede Absonderung, jedes Ausscheiden aus dem Kollektiv war verdächtig. Mancherorts war selbst der Gang auf die Toilette keine Privatsache. Im Land des Glücks wurden in den Ameisenhaufen der Armee oder der Pionierlager, durch die alle durch mußten, die Toiletten ohne individuelle Kabinen gebaut; die Trennung zwischen Frauen und Männern wurde allerdings aufrechterhalten.

In meiner Kindheit gab es in den Höfen der Sonnenstadt noch die szenischen Dekorationen, die dort aufgestellt worden waren, als die Stadt gebaut wurde. Ich erinnere mich an die seltsamen Gipsfiguren, die zwischen den Blumenbeeten und dem wildwachsenden Gebüsch der Hofparks standen. Während in den großen Parks der Sonnenstadt, wo die Geometrie regiert, die Büsche akkurat geschnitten, die Alleen berechnet und die Skulpturen und Brunnen an genau festgelegten Stellen plaziert waren, hatte sich in den Hofparks eine natürliche Wildheit erhalten, als hätte jener, der sie schuf, sie später vergessen und sie ihrem ungeometrischen Leben überlassen.

Und sie lebten dieses Leben, wuchsen mit wilden Büschen, mit Unkraut, irgendwelchen Schuppen, Mauern und Garagen zu. Inmitten dieser wilden Büsche und Schuppen sahen die Gipsskulpturen der Bären mit ihren Honigtöpfen, der Elche, der Kinder mit Büchern, der Frauen mit Kindern an der Hand besonders anrührend aus. Irgendwie ergriffen sie die Seele wie eine lyrische Melodie, die so ganz anders klang als die strammen sonnenanbeterischen Märsche der Sonnenstadt.

Über den verwilderten Hofparks hing eine Zeitlosigkeit wie

über den entvölkerten Ruinen Karthagos, eine Utopie im Wortsinn. Ihre pseudoantiken Gipsvasen standen, von Kletten und Fliedergebüsch umrankt, in der unbekannten Zeit eines unbekannten Ortes. Durch die Wipfel der Pappeln schimmerten die Rückfassaden der Paläste mit ihren vereinzelten Renaissancefenstern, die aus den unverputzten Ziegelmauern hervorstachen, mit den verzierten Gesimsen, den abgebrochenen Karniesen, den eingefallenen Dächern der Balkonschuppen, den korinthischen Pilastern der auf den Platz führenden Bögen. Unter den Pappeln sprangen Kinder mit Phantasiemaschinenpistolen herum und spielten Krieg, alte Männer mit roten Nasen gingen mit sehr realen Wodkaflaschen in der Hand vorbei, Hausfrauen hängten Wäsche auf.

Es entstand ein Eindruck von Ewigkeit und Zeitlosigkeit, als seien dies die Ruinen einer Zivilisation, deren Zeit in Fragmente zerfallen ist, die sich wie die Glassteinchen eines Kaleidoskops zu seltsam bizarren Mustern zusammensetzen. Diese Muster waren real und gespenstisch zugleich. Man konnte zu einer Vase gehen und ihre rauhe, weiße Oberfläche berühren. Zugleich war sie aber auch eine Illusion, ihre Präsenz an diesem Ort hatte etwas Irreales, sie war in die Einsamkeit dieser schlafenden Stadt geworfen, aus einer unbekannten Kultur, aus einer unbekannten Zeit, aus einer Zivilisation, die es nicht gibt, aus einer Zeit, die es nicht gibt.

37

Während des langen Winters erstarb das Leben in den Höfen nicht völlig, aber es wurde überaus schläfrig. Im Früh-

jahr erwachte es mit dem betörenden Duft des Flieders, der an allen irregulären Orten der Stadt im Überfluß wuchs und bis zur Ankunft der ersten Mücken kurz vor dem Tag der Revolution blühte und in der Stadtsonne strahlte.
Die Dauergäste der Höfe konnte man in verschiedene Gruppen unterteilen. Da gab es zunächst die alten Frauen der Sonnenstadt, die meist auf Bänken saßen. Sie unterschieden sich von den alten Frauen der proletarischen Vorstädte, die größtenteils erst nach dem Krieg aus Dörfern und ländlichen Siedlungen in die Stadt gekommen waren. Die Stadt wuchs so schnell, daß sich ihre Bevölkerung in wenigen Jahrzehnten verdoppelte, verdreifachte, vervierfachte. Die alten Frauen in den Höfen waren in der Regel in der Stadt heimisch. Viele erinnerten sich noch an die Zeiten des ersten Parteitags und an die Zeit, als noch Pferdestraßenbahnen durch die Stadt fuhren.
Die alten Frauen auf den Bänken waren ein ebenso wichtiges Element der Höfe wie die antiken Vasen. Wie Gipsstatuen nahmen sie mit dem Aufgang der Sonne ihren Beobachtungsplatz im Erdgeschoß ein und sahen natürlich alles, wußten alles, und wenn sie einen Zuhörer fanden, den sie für würdig erachteten, teilten sie ihm dieses Wissen auch gern mit. Von Zeit zu Zeit lichteten sich die Reihen der Beobachterinnen. Dann wurde unter schrägen Chopinklängen ein unregelmäßiger Tetraeder aus dem schwarzen Türdurchbruch getragen. Doch der leere Platz wurde bald wieder von einer anderen Alten eingenommen, und am Leben des Hofs änderte sich nichts Grundsätzliches.
Die zweite Gruppe unter den Hofbewohnern waren die Mütter mit den Kinderwagen. Zu dieser Zeit kamen noch viele Kinder in der Sonnenstadt zur Welt, und Mütter mit Kinderwagen waren noch nicht so selten wie heute. Sie gin-

gen stundenlang zwischen den Vasen umher, tuschelten mit anderen Müttern und verschwanden mit Einbruch der Dämmerung. Dann kamen die Kinder, die durch die Gebüsche streunten, über die Dächer der Schuppen kletterten, die Passanten mit der Schleuder beschossen und die Vasen mit unanständigen Wörtern beschmierten. Eine andere Sorte Hofbewohner waren die Vorübergehenden, die einfach irgendwohin eilten und dabei die Entfernungen der Stadt in der Diagonalen überwanden. Die Vasen waren ihnen in der Regel gleichgültig.

Die nächste Dauergastspezies waren die Säufer. Nach Öffnung der Schnapsbuden nahmen sie die Plätze ein, die nicht von den alten Frauen und den Müttern besetzt waren, und plauderten beseelt über das Ewige und die Zeitlosigkeit, über das Glück und den Sinn, über Gerechtigkeit und Respekt, über die Insel, die es nicht gibt, über die Zeit, die es nicht gibt. Den Vasen zollten sie Respekt, aber wenn sie gerade zur Hand waren, benutzten sie sie dennoch, um ihr kleines Geschäft zu bedecken. Die letzte Gruppe bildete das Dienstpersonal der Höfe. Zu ihr gehörten Hausmeister, Klempner, Milizionäre und Flaschensammler. Diese Gruppe hatte eine besondere Beziehung zu den Säufern, mal verbündeten sie sich, mal gerieten sie aneinander.

Die Miliz machte von Zeit zu Zeit Jagd auf die Säufer, und wenn diese es nicht schafften, die Flaschen zu verstecken, wurde ihnen ihre gediegene Pause zwischen Vasen und Flieder verdorben. Die Flaschensammler verdienten an den Säufern. Das war ein richtiges Gewerbe. Die Flaschensammler kämpften um die Höfe der Stadt, die in Einflußgebiete aufgeteilt waren. Drang ein Flaschensammler auf fremdes Territorium ein, wurde er mit Flüchen überzogen oder verprügelt.

In dem riesigen Hof in der Leninstraße, in dem ich mich häufig aufhielt, seit ich in die am Prospekt gelegene Kunstschule aufgenommen worden war, gab es zwei Flaschensammler. Das Terrain war in zwei Hälften geteilt, die eine gehörte Jaschka, dem König der Flaschen, die andere der Enkelin Lenins. Alle Bewohner des Hofs kannten die beiden unter diesen Namen. Warum die Enkelin Lenins sich so nannte, ist unklar, wußten doch alle, daß Lenin keine Kinder hatte, aber in Auseinandersetzungen mit Milizionären oder Konkurrenten schrie sie immer: Ich bin die Enkelin Lenins! Das sollte vermutlich einschüchternd wirken.
Im Zentrum des Hofes, genau auf der Grenze zwischen den beiden Territorien, stand eine Laube. Der Besitz der Laube war ungeregelt, gleichzeitig erfreute sie sich bei den Säufern in der Umgebung besonderer Beliebtheit. Jaschka, der König der Flaschen, und die Enkelin Lenins führten einen Dauerkrieg um die Einverleibung dieser Laube in ihren Einflußbereich. Wenn in der Laube mal wieder über Gerechtigkeit und Respekt geredet wurde, versteckten sie sich in den Büschen und warteten auf den richtigen Moment, um die liegengebliebenen Trophäen zu ergattern. Oft endete das in einer ansehnlichen Prügelei.
Ich weiß nicht, ob sie dabei reich wurden. Eine leere Flasche brachte damals zwölf Kopeken, ein Laib Schwarzbrot kostete achtzehn. Tatsache ist, daß der Leichnam von Jaschka, dem König der Flaschen, einige Jahre später aus der Swislotsch gezogen wurde. Damals hieß es, er habe ein riesiges Vermögen angehäuft. Auf den Straßen der Stadt gab es keine Obdachlosen und Bettler. Tauchte einer auf, wurde er in eine Spezialeinrichtung gebracht. Aber reich zu werden war auch nicht ungefährlich in der Sonnenstadt.

# 38

In der Sonnenstadt wurde viel getrunken. Der Bacchuskult kam im Land des Glücks direkt nach dem Kommunismuskult auf Platz zwei. Neben den sechs Hauptfesttagen gab es noch einige Dutzend Nebenfesttage – den Tag der Verfassung, den Geburtstag Lenins, den Todestag Lenins, den Tag der Raumfahrt, Neujahr nach altem Kalender, den Tag der Befreiung der Sonnenstadt von den Deutschen, den Tag des Lehrers, den Tag des Metallarbeiters, den Tag des Grubenarbeiters, den Tag des Stahlgießers, den Tag des Traktorbauers, den Tag des Bauarbeiters, den Tag des Kolchosarbeiters und so weiter.

Außerdem gab es den eigenen Geburtstag, den Geburtstag der Frau, den Geburtstag der Schwiegermutter, den Geburtstag der Kinder, den Geburtstag der Brüder, den Geburtstag der Schwestern, die Geburtstage der übrigen Verwandten, die Geburtstage der Freunde, die Beerdigungen von Familienangehörigen, Freunden und Bekannten, die Tage des Totengedenkens an Familienangehörige, Freunde und Bekannte – am neunten Tag, am vierzigsten Tag und am Todestag.

Daneben wurden die Tage gefeiert, an denen der Lohn gezahlt wurde, an denen ein Vorschuß gezahlt wurde, an denen der Urlaub begann, an denen der Urlaub endete, an denen man zur Armee ging, an denen man von der Armee zurückkam; gefeiert wurde der erste Tag der Kartoffelernte, der letzte Tag der Kartoffelernte, die bestandene Prüfung, das Ende des Schuljahrs, der Universitätsabschluß, der erste Tag auf der neuen Arbeit, der erste Tag der Dienstreise, der zweite Tag der Dienstreise, der letzte Tag der Dienstreise, die Beförderung, jeder Sieg der Fußballmannschaft, für die

man fieberte, jede Niederlage der Fußballmannschaft, jeder Sieg der Hockeymannschaft. Gefeiert wurde, wenn man ins Theater ging, wenn man auf die Datscha fuhr und wenn man einen Freund traf, den man lange nicht gesehen hatte. Anlässe zum Trinken gab es zahllose. Später kamen die religiösen Feiertage dazu. Orthodoxes Weihnachten, katholisches Weihnachten, zweimal Ostern.
Im Land des Glücks tranken alle. Die Proletarier tranken. Die Kolchosarbeiter tranken. Die Studenten tranken. Die Wissenschaftler tranken. Die Dichter tranken. Die Ärzte tranken. Die Sportler tranken. Die Soldaten tranken. Die Passanten tranken. Die Hausmeister tranken. Die Klempner tranken. Die Milizionäre tranken. Die Männer tranken und die Frauen tranken. Die alten Frauen aus der Sonnenstadt tranken und die alten Frauen aus den Arbeitersiedlungen tranken. Der Metaphysikus trank – außer dem letzten. Liebe trank. Weisheit trank. Macht trank auch gern. Die Götter Lenin und Stalin tranken. Es wurde soviel getrunken, daß es der letzte Metaphysikus einfach nicht aushielt und den Alkohol verbot. Aber es war zu spät. Das Land des Glücks war schon am Sterben, und die Autorität des Metaphysikus hatte schon nicht mehr jene Kraft wie früher. Das Gesetz erboste alle, aber sie tranken trotzdem weiter.

## 39

Mein Vater trank auch. Er war kein Säufer, der auf den Bänken und Lauben in den Höfen der Sonnenstadt saß. Er feierte aus vollen Zügen, mit Laune, à la russe: *mit Zigeunern auf Wolgafahrt*. Wenn er trank, dann versoff er ein Vermögen. Die Leute, die er zu seinen Geschäftspartnern machte, eröffneten später, als der Kapitalismus einzog, mit dem gemeinsam verdienten Geld Kasinos und Baufirmen. Er aber steckte das Geld in den schicksten und trunkensten Lebenswandel, den man sich im Land des Glücks erlauben konnte. Auf seine Weise hatte er recht. In der Sonnenstadt konnte man große Summen, wenn man sie denn hatte, nicht anlegen.

Alle waren gleich, und die Gleichheit wachte streng über die Erfüllung ihrer Vorschriften. Du durftest nicht mehr als eine Wohnung haben. Es war erlaubt, eine Datscha zu bauen, aber sie durfte nur winzig sein, das schrieb ein Gesetz vor. Du konntest ein Auto kaufen. Ein zweites zu kaufen hatte aber schon keinen Sinn mehr. Wozu braucht man einen Fuhrpark rostender Schigulis und Wolgas? Etwas anders standen die Dinge in Moskau, das schon immer die verderbteste Stadt im Land des Glücks gewesen war und immer irgendwelche Schlupflöcher fand, um der verordneten nichtarmen-nichtreichen Gleichheit zu entgehen. In der Sonnenstadt jedoch konnte man Geld nicht anlegen.

Man hätte in die schwarze Produktion investieren können, wie das die *Zechowiki* taten. Aber dieses illegale Geschäft konnte sich nur in den Städten entfalten, in denen die Korruption blühte und die Familienclans erhalten geblieben waren. Außerdem drohte den *Zechowiki* ständig die Verhaftung und Gefängnis. Man konnte das Geld in Gold anlegen, aber das konnte auch nicht geheim bleiben, wenn du nicht wolltest, daß man dich wie Jaschka, den König der Flaschen, aus der Swislotsch zieht. Und was hätte es gebracht, irgendwo auf der Datscha Goldkisten zu vergraben? Man hätte das Geld in Antiquitäten investieren können, die damals zu Spottpreisen zu haben waren. Aber all das lag meinem Vater nicht. Er investierte sein Geld in Wein, in

Frauen, in Restaurants, in das luxuriöseste Leben, das er sich erlauben konnte.

Ich erinnere mich gut an meine erste Begegnung mit meinem Vater und an das erste Wort, das ich ihm zu seinem großen Ärger zur Begrüßung entgegenschleuderte, als er unerwartet aus dem unbekannten Fluß auftauchte: Du Lump! Nicht daß ich mich über seine Auferstehung nicht gefreut hätte. Ich verstand nur einfach zunächst nicht, daß er mein Vater ist.

Er polterte abends, als ich schon schlief, in unsere Wohnung in der Lomonossow-Straße. Gerade erst hatte das fröhliche Kaninchen Stepaschka allen Kindern der Sonnenstadt eine gute Nacht gewünscht. Ich wachte auf, als im Flur Glas zu Bruch ging. Mein Vater stritt sich mit meiner Mutter und kam in mein Zimmer gestürzt. Auf den Lärm hin sprangen die Untermieter aus dem Nebenzimmer und versuchten, ihn zu beruhigen. Von Zeit zu Zeit vermietete meine Mutter das Zimmer an Leute auf Dienstreise. Damals waren es zwei Elektroingenieure aus irgendeiner russischen Stadt. Mein Vater schmiß sie wutentbrannt aus dem Zimmer und jagte sie die Treppe hinunter. Während er sie über den Hof verfolgte, flüchteten meine Mutter und ich zu den Brandins. Als die Miliz kam, war mein Vater schon weg. Nur die Untermieter waren noch da und hielten feuchte Lappen an ihre blutiggeschlagenen Nasen.

Die nächste Begegnung mit meinem Vater, die schon nicht mehr so wild verlief, fand ein paar Jahre später statt. Wir trafen uns in Njamiha, nicht weit von dem Ort, an dem meine Mutter arbeitete. Er kam mit seinem Freund Kostja Soroka, einem ebenso stadtbekannten Lebemann wie er. Mein Vater war schön, elegant und schenkte mir ein teures Pinselset zum Malen. Danach sahen wir uns häufig.

Ich war stolz auf meinen Vater. In der Stadt war er ein bekannter Mann. Fast alle Mafiosi der Stadt kannten ihn. Ihn kannten die Barkeeper und die Kellner, die Verkäuferinnen in den Gastronom-Läden und die leichten Mädchen. Die Sportler kannten ihn, denn er war selbst Sportler: Er war Boxmeister. Ihn kannten und schätzten die Künstler und alle möglichen Bohemiens ohne bestimmte Beschäftigung. Mein Vater war immer umgeben von ungebundenen Lebemännern wie er, die Geld hatten oder kein Geld hatten, meistens aber das zweite. So viel Geld, wie er hatte, konnte man allein kaum versaufen. Daher lud er jeden ein, dem er begegnete. Er spendierte den Barkeepern und den Kellnerinnen, er spendierte den Künstlern und den Sportlern, er spendierte den leichten Mädchen und den alten Frauen der Sonnenstadt, den Flaschensammlern und den Säufern aus den Lauben, er spendierte den Hausmeistern und den Klempnern, den Milizionären und den zufälligen Passanten, den Männern und den Frauen, er spendierte den Säufern des ganzen Hauses, des ganzen Blocks, des ganzen Viertels.

Viele, viele Jahre später tat es mir weh, ihn zu sehen, wie er nach einem Autounfall seine Gesundheit eingebüßt hatte. Er verdiente schon nicht mehr so viel Geld wie einst im Land des Glücks und lebte allein von der Invalidenrente, konnte aber seine Gewohnheiten nicht ablegen. Seine Rente versoff er in zwei Tagen mit irgendwelchen unbekannten Leuten, die verschwanden, sobald das Geld ausging. Ein solches Leben deprimierte ihn. Als er alt war, verkaufte er seine Wohnung, kaufte ein Haus auf dem Land und verließ die Sonnenstadt für immer.

# 40

Wenn Sie vom Viktoriaplatz weiter nach Osten gehen, reihen sich rechts und links Volkspaläste aneinander. Nach ungefähr einem Kilometer erwartet Sie ein weiterer riesiger Platz, der Kolos-Platz, der nicht nach einem Riesenkoloß benannt ist, sondern nach dem wichtigsten weißrussischen Sowjetschriftsteller aus der Sonnenstadt. Eigentlich gab es in der Stadt zwei Dichterriesen, Janka Kupala und Jakub Kolas (russisch Kolos), aber Kupala wurde von der Staatssicherheit aus dem zehnten Stock eines Moskauer Hotels gestoßen. Daher wurde Kolos die Nummer eins, und Kupala erhielt ein Denkmal in der Grünanlage gegenüber dem Zirkus.

Es zeugt von der Macht des Wortes im Land des Glücks, daß ein so riesiger Platz nach einem Schriftsteller benannt ist. Das Wort war hier wichtiger als die Realität. Mitten auf dem Platz steht ein Kolos-Denkmal, von Musen mit Geigen und Musen mit Gewehren umgeben. Gegenüber steht die Philharmonie, der Palast der Polyhymnie. Im Rücken des Denkmals beginnt eine Straße, die ins Herz der Stadt führt, zur Komarowka, dem riesigen Markt, auf dem die Bewohner der Sonnenstadt schon seit vielen Jahren alles kaufen, was sie zum Leben benötigen. Die Sportuniversität, ein weiteres Symbol der konstruktivistischen Architektur aus der Zeit vor dem Krieg, kehrt ihre Fassade dem Platz zu. Ihre sechs schweren, quadratischen Säulen teilen zwei Straßen, die nach Osten abbiegen.

Vom Kolos-Platz aus kommen Sie wieder auf das Territorium der Weisheit. Linkerhand beginnt das breite Ensemble des Polytechnik-Palasts. Die Häuserblocks, in denen die Fakultäten untergebracht sind, verlaufen stadteinwärts.

Hier erhielten die Ingenieure für die riesigen Fabriken in den Vorstädten ihre Ausbildung. Ein Stück weiter empfängt Sie auf der rechten Seite ein monumentaler Säulengang, der sich im Halbkreis zum Prospekt hin öffnet. Das ist der Palast der Wissenschaften, hinter dem die Gebäude der Akademie beginnen. Gegenüber, auf der anderen Seite des Prospekts, steht die Akademie der Musen. Junge talentierte Leute lernten hier, die Dekoration für das Land des Glücks anzufertigen.

Dann gehen Sie an einigen weiteren Volkspalästen vorbei und kommen auf den letzten Platz der Sonnenstadt. Hier ist das Territorium von Liebe. Es hatte sich so ergeben, daß Liebe im Land des Glücks der unwichtigste der drei Mitstreiter des Metaphysikus wurde. Daher gibt es auf dem Platz auch keine speziellen Paläste. An der rechten Seite beginnen zwei Parks: Der Botanische Garten und der Tscheljuskinzew-Park. In der Mitte des Platzes steht das Denkmal von Liebe, der unter dem Metaphysikus Stalin gedient hatte. Der gute Alte mit der Brille – Kalinin – hatte alle liebgehabt, konnte aber für niemanden etwas tun, nicht einmal für die Großmutter seiner eigenen Frau, die der Metaphysikus ins Lager schickte.

41

Die Sonnenstadt war immer von einer gewissen Erotik erfüllt. In meiner Kindheit spürte ich das nicht, als ich älter wurde, verstand ich aber, warum mein Vater nicht aufhören konnte. So viele schöne junge Mädchen wie hier habe ich in keiner anderen Stadt der Welt getroffen. Die Straßen waren beherrscht von dem besonderen Anblick zerbrechlicher, aber eleganter Blumen, die aus irgendeinem Grund nur hier in solcher Überfülle wuchsen. Vielleicht war die mit Blut getränkte Erde für diese Sorte besonders geeignet. Es waren keine Rosen, wie man sie im Playboy sieht; sie ähnelten nicht jenen jungen Frauen, die wie feste, aber rasch welkende Knospen aussehen; Rubens mit seiner Vorliebe für üppige Chrysanthemen hätte sich sicher auch gelangweilt.

Am ehesten waren sie wie die Blumen von Baudelaire – zarte, dekadente Orchideen auf zerbrechlichen Stengeln. Später entdeckten die Modeschöpfer diese Sorte, und sie begann auf den Laufstegen von Paris und Mailand die Häuser von Versace, Dolce & Gabbana, Valentino und Armani zu repräsentieren. In der Sonnenstadt wuchsen sie jedoch im Überfluß, blühten ihr natürliches Leben, gingen ohne besondere Feierlichkeit durch die Straßen und erfüllten die Stadt mit dem feinen Duft der Verführung.

Wie alle Blumen liebten auch die Orchideen der Sonnenstadt den Sommer. Im Winter versteckten sie sich in ihren Mänteln und Pelzen. Wenn aber der Sommer kam, strömten sie auf die Höfe, die Straßen und die Parks der Stadt und blühten zwischen den Vasen, Alleen und Brunnen. Sie erfüllten die Stadt mit der subtilen Ästhetik des Lasters. Ohne sie wäre die Stadt eine andere. Das Gefühl des Dekadenten mit dem dazugehörigen heidnischen Eros, der nicht von den puritanischen Normen der Ehe beschwert ist, wäre nicht so stimmig. Im Land des Glücks gab es kein Laster, aber alle gaben sich ihm hin, nur taten sie es heimlich.

Die Liebe mit den Orchideen war nicht schwierig. Sie gaben sich ihr aus einem ästhetischen Gefühl hin. Erst später, als der Kapitalismus in die Stadt kam, wurden aus den Blumen potentielle Ehefrauen, die begannen, die Männer nach dem Inhalt ihres Geldbeutels zu bewerten und in Scharen in die

Länder auszureisen, in denen die Geldbeutel schwerer sind. Zu jener Zeit aber waren sie naiv wie Blumen, es genügte, sich von ihrem Anblick auf der Straße verführen zu lassen, in Verzückung zu geraten, und schon gehörten sie dir.

Kennenlernen konnte man die Orchideen an jedem beliebigen Ort der Stadt – in der Grünanlage, in der Bar, im Geschäft, im Theater. Aber es gab Orte, an denen die Wahrscheinlichkeit des Kennenlernens bedeutend höher war. Zu ihnen gehörten die Straßen, Grünanlagen und Parks, die an den Seiten des Prospekts lagen. Und natürlich der Prospekt selbst, auf den sie, in die verführerischsten und engsten Kleider gehüllt, aus der ganzen Stadt zusammenkamen, um ziellos zu flanieren und vergnügt die begierigen Blicke der alten und jungen Männer einzufangen.

Einst machten die Gipsorchideen ihnen Konkurrenz. Meist waren es halbnackte Venusstatuen, die in den Parks und Grünanlagen standen und aus irgendeinem Grund ein Ruder in den Händen hielten. Vermutlich gefiel diese Gestalt dem Metaphysikus, daher waren sie überall anwesend, nicht nur in der Sonnenstadt, sondern auch in anderen Städten im Land des Glücks. Der Bildhauer, der diese Gestalt geschaffen hat, war äußerst naturalistisch vorgegangen. Die Venus mit dem Ruder war opulent, das Fleisch quoll durch die Feigenblätter, die sie symbolisch bedeckten. Leider war das Fleisch der Gipsvenus wie jedes Fleisch nicht langlebig. Ich erinnere mich, daß Ende der siebziger Jahre noch eine letzte Figur im Tscheljuskinzew-Park stand. Doch dann verschwand auch sie.

Auch die Orchideen der Sonnenstadt entgingen dem Welken nicht, doch im Unterschied zu jenen aus Gips wuchsen immer neue nach. Orchideenorte gab es unzählige in der Stadt. Einer war der Felix-Boulevard, der quer zum Prospekt vom Palast der Staatssicherheit zum Amphitheater des Sportpalasts verlief. Offiziell hieß der Boulevard Komsomolstraße, aber auf ihm stand eine bronzene Blume des Bösen – ein Denkmal für Felix Dserschinski, der in einem entfernten Vorort der Stadt zur Welt gekommen war, einer der Väter der Revolution und Gründer des Staatssicherheitsapparats, wofür er in den Pantheon der am meisten verehrten Himmelsbewohner im Land des Glücks aufgenommen wurde.

Die Bronzeknospe des eisernen Felix, dessen Arme, wie man sagt, bis zum Ellbogen in Blut getaucht waren, zogen aus irgendeinem Grund nicht nur die Orchideen der Sonnenstadt an, sondern auch alles mögliche andere seltsame Publikum, mit dem der berühmte Landsmann, wäre er lebendig gewesen, mit großer revolutionärer Begeisterung abgerechnet hätte.

Zum Glück war das Denkmal für den Revolutionskommandanten vorsorglich ohne Arme gemacht worden. Aus dem Marmorsockel ragten nur die Brust und der Kopf hervor, auf den die Tauben des Boulevards ausgiebig schissen. Dafür gab es um das Denkmal herum immer zahlreiche Trinkanstalten. Später kamen noch Geschäfte hinzu, die rund um die Uhr geöffnet hatten, daher kam das Leben auf dem Boulevard praktisch die ganze Nacht nicht zur Ruhe und erstarb erst kurz vor Morgengrauen für eine kurze Zeit. Doch schon früh am morgen saßen wieder irgendwelche Typen auf den

Bänken und tranken mit den etwas welk wirkenden Orchideen, die sich in der Morgendämmerung verirrt hatten, Bier aus den naheliegenden Gastronom-Läden.
Wenn Sie vom Palast der Staatssicherheit nach Osten gehen, kommen Sie an einen anderen Orchideenort der Stadt – auf den Leninboulevard. Offiziell hieß er Leninstraße, aber von der Karl-Marx-Straße an wächst er sich zu einem breiten, schattigen Boulevard mit gemütlichen Bänken unter hohen alten Pappeln aus, der den Prospekt durchschneidet und zur Straße der Internationale führt. Hier stand eine weitere armlose Knospe. Aber nicht Lenin. Iljitsch mußte immer mindestens eine Hand haben, damit er den Weg zum Kommunismus weisen konnte. Das Denkmal war für einen Flieger errichtet worden, der heroisch in der Luft starb, als er in das Flugzeug eines japanischen Samurais raste.
Den zentralen Teil des Boulevards umgaben von beiden Seiten zwei symmetrische, aus schönem Ockerstein gebaute längliche Volkspaläste. Zwischen ihnen brodelte ohne Unterbrechung das Leben und kam selbst im Winter nicht zur Ruhe.
Es begann im Pavillon einer beliebten Bierschänke, die die Bolschewiki an der Stelle der von ihnen abgerissenen katholischen Kirche des Heiligen Geistes errichtet hatten. Dann zog es in das Restaurant *Potsdam*, in dem die Boheme verkehrte und das im Volk »Potdam« (Damenschweiß) genannt wurde, dann schwappte es über die Straße ins Café *Pinguin*, in dem sich die Hippies der Sonnenstadt und die flippige Jugend aus anderen Städten der Sowjetunion trafen. Dann zog es in ein beliebtes Orchideenhaus, das im Volk aus irgendwelchen Gründen *Pomojka* (Waschanlage) genannt wurde, sprang über die Straße ins Restaurant *Neman*, einem Etablissement für onkelhafte Herren auf Dienstreise,

die graue, nicht allzu teure Anzüge mit zu kurzen Hosen trugen und Kunstlederkoffer in den Händen hielten. Daneben war eine Pizzeria, in der alle aßen: die Dienstreisenden, die Orchideen, die Hippies, die Boheme, Kriminelle und ganz normale Leute, die an der Haltestelle ausgestiegen waren. Die letzte Station des Lebens war das *Utjuschok*, ein kleines Café, in dem die Orchideen immer besonders frisch und schön aussahen.

Das wichtigste Lokal des Leninboulevards war aber der Boulevard selbst, die Bänke unter seinen Pappeln, die zusammen mit den Bänken der Hofparks, in denen Jaschka, der König der Flaschen, und die Enkelin Lenins zugange waren, und einigen Schnapsbuden, die hier an der Straße lagen, ein riesiges Trink- und Vergnügungssyndikat bildeten, das Menschen aus der ganzen Stadt anzog.

Unter den Orchideen des Leninboulevards machte ich eine besondere Spezies aus, die *Girlies* genannt wurde. Zu ihr gehörten die Hippieorchideen und ihre ganze Damenclique. Die *Girlies* waren die fortschrittlichsten Orchideen der Stadt. Sie beschäftigten sich mit Zen-Buddhismus, lasen Salinger, Borges, Vonnegut, Hamsun oder Abe Kōbō und zogen dem Alkohol Drogen vor, die damals erst am Anfang ihres Siegeszugs in die Sonnenstadt standen.

Zu dem Trink- und Vergnügungskomplex gehörte ein weiterer Ort, ganz in der Nähe des Leninboulevards. Das Freimaurer-Haus stand zwischen den Ruinen der Altstadt, die gleich hinter dem Boulevard begannen. Angeblich wurden die Häuser hier renoviert, tatsächlich passierte nicht viel, so daß die leeren Häuserschachteln jahrelang als herrenlose Ruinen dastanden, in die das Boulevardvolk zum Kiffen zog oder um mit den romantischen Orchideen Liebe zu machen.

Das Freimaurer-Haus war ein freistehendes, von alten Bäumen umgebenes Gebäude am Rande des Viertels. Unmittelbar hinter ihm begannen ein Park und ein steiler, ebenfalls von wildem Dickicht bewachsener Abhang zur Swislotsch hinunter. Im achtzehnten Jahrhundert befand sich hier die Freimaurerloge der Stadt, die später von einem russischen Imperator per Erlaß verboten wurde. Wenn wir in Abgeschiedenheit trinken und die Luft des alten Minsk atmen wollten, gingen wir zum Freimaurer-Haus. Gerüchte behaupteten, in diesem Haus habe es Erscheinungen gegeben. Ich habe dort ehrlich gesagt keine Erscheinung gehabt, aber dieser Ort hatte tatsächlich eine sakrale Energie, die dich und deine Girlie-Orchidee durchdrang, wenn du mit ihr knutschend über dem fliederbewachsenen Abhang standst.

## 43

Ein Ort, an dem man das ganze Jahr über Tag und Nacht Blumen aller Art treffen, kaufen, riechen und bewundern konnte, war der Torplatz. Hier wuchs eine solche Vielfalt von Blumen, wie man sie sich nur in der Sonnenstadt vorstellen kann. Es gab dort Orchideen, betrunkene Orchideen, Bräute, billige Bräute, billige betrunkene Bräute, üppige und verwelkte Rosen, Chrysanthemen, Kamille, Tulpen, exotische Blumen, Hortensien, Löwenzahn, Vergißmeinnicht.
Auch Topfpflanzen gab es im Überfluß – Geranien, Fikus, Primeln, Azaleen, Magnolien, Aloe und alle möglichen Kakteen. Sie verkauften den Reisenden und den Städtern Piroggen mit Fleisch und Kraut, Kefir, Bier, Limonade, Bratkartoffeln, Pellkartoffeln, Hähnchen und saure Gur-

ken. Früher verkauften die Geranien und die Magnolien Wodka und Zigaretten.

Während des Alkoholverbots befand sich auf dem Torplatz der größte Schmugglermarkt der Stadt. Nachts versorgten die alten Frauen der Sonnenstadt die Begierigen mit Feuerwasser und kühlendem Weizengebräu, die sie unter ihren Röcken hervorholten. Sie verkauften sie auch an anderen Orten der Stadt, auf der Komarowka, an den Metrostationen, aber nirgendwo war der Handel so lebhaft und der Umsatz so groß wie auf dem Torplatz. Die Fikusse, Hortensien und Azaleen mit Wodka konnte man immer an ihrem geschäftig-verschwörerischen Aussehen und den Stoffnetzen erkennen, die sie in der Hand hielten. Die Milizionäre machten von Zeit zu Zeit Jagd auf sie, aber das war eher anstandshalber. Die alten Frauen bestachen die Gesetzeshüter mit eben jenem Wodka und einem Teil des Erlöses.

Gärten, in denen Orchideen wuchsen, gab es unzählige in der Stadt. Der bekannteste war gewiß die Parkmagistrale, das Las Vegas der Stadt. Hier entstanden später Hotels, Kasinos, Boutiquen und Restaurants. Die Orchideen auf der Parkmagistrale boten Liebe für Geld an. Daher waren sie schon nicht mehr die Blumen, sondern die Bräute der Sonnenstadt. Sie sammelten sich vor allem im Hotel Jubiläum, das an genau jener Stelle gebaut worden war, wo sich die einzige Moschee der Stadt befunden hatte. Später gingen die Bräute auch auf die Straße und boten ihre Dienste nicht nur in den Hotels an, sondern lockten die Herren, die in ihren Wagen über die Magistrale fuhren.

In der Grünanlage bei dem Jungen mit dem Schwan, zwischen der Engelsstraße und dem Palast der Offiziere, wuchsen seltsame Orchideenmänner. In der warmen Jahreszeit tummelten sich diese Narzissen zuhauf im Inneren der

Grünanlage, unweit des Pavillons mit der öffentlichen Toilette. Im Winter zogen sie in den Postpalast und lungerten in dem pompösen Säulensaal herum, zwischen den Tischchen und den Bürgern, die hier Pakete abschickten und Telegramme entgegennahmen.
Orchideen in großen Mengen wucherten in den Paradiesgärten, in den Parks, die als breite, grüne Schneise mit ihren Riesenrädern die Sonnenstadt durchquerten. In einem dieser Parks, jenem, in dem der Junge mit der Granate stand, gab es sogar einen Saal für intime Treffen. Das Denkmal in einem einsamen Teil des Parks war von einem dichten Ring hoher Tujabäume umgeben. Dort gaben sich ab und zu Paare in dem großen, immergrünen Saal unter der blauen Decke des Himmels der Liebe hin. Daneben drohte der Bronzejunge dem Himmel mit seiner schweren, wurfbereiten Granate.

## 44

Die Sonnenstadt war eine Stadt der Paläste. Anhand des Baustils konnte man die Paläste in jene unterteilen, die vor dem Krieg gebaut worden waren, und jene, die in den vierziger und fünfziger Jahren entstanden sind. Die Vorkriegspaläste ließen sich leicht daran erkennen, daß sie grau waren und stämmig-untersetzt. Mit ihren dicken Pfoten standen sie fest auf der Erde und ähnelten Bullterriern, die einen böse beäugen, bereit, im nächsten Augenblick aufzuspringen und jeden zu zerfleischen, der vorbeigehen will. In ihren Posen konnte man die versteckte Kraft jener Zeit erahnen, in der das Land des Glücks durch seinen Glauben stark war, so stark, daß der Metaphysikus nur sagen mußte,

daß Blut Wein sei, und alle nicht nur daran glaubten, sondern das Blut soffen und davon in einen Zustand von Rausch und Trunkenheit verfielen.
Seltsamerweise hatten die Vorkriegspaläste während der Bombardierungen der Sonnenstadt keine Schäden erlitten. Die Flugzeuge, die an den Feiertagen mit den Geschenken von Stalin kamen, rührten sie nicht an, obwohl sie die größten und auffälligsten Gebäude der Stadt waren. Darüber hinaus hatten die Nazis, die den Stil der Paläste mochten, weil er ihrem eigenen so ähnlich war, dort verschiedene Besatzungsbehörden untergebracht. Dennoch erheben sich auf alten Nachkriegsphotographien all diese Paläste wie graue, finstere Schlösser aus den Ruinen der Stadt.
Unter den Vorkriegspalästen gibt es echte Meisterwerke ihrer Zeit, wie zum Beispiel den Palast der Offiziere oder den Palast der Regierung. Einige von ihnen wurden aus verschiedenen Gründen nicht zu Ende gebaut. Das grandiose Projekt für den Palast des Wissens – die Leninbibliothek – blieb unvollendet, ihm fehlt der Hochbau für das Büchermagazin und die Lesesäle in Pavillons mit Sommergärten. Der Opernpalast – das große Theater, das als Variante des nicht umgesetzten Jahrhundertprojekts des Palasts der Sowjets in Moskau errichtet wurde – hat statt der vier vorgesehenen nur drei zylinderförmige Ränge. Angeblich wurde der vierte Rang nicht gebaut, weil man fürchtete, daß die Fernartillerie von der Grenze, die zu dieser Zeit nur einige Dutzend Kilometer westlich der Stadt verlief, direkt auf die Figur des höchsten Gottes zielen könnte.
Die Paläste, die nach dem Krieg gebaut wurden, waren anders. Sie wichen von dem strengen, aber aufrichtigen Stil ab und symbolisierten schon nicht mehr Macht, sondern Überfluß. Sie ähnelten Füllhörnern, aus denen sich alles auf

die Palastfassaden ergoß, was die Menschheit stilistisch ersonnen hatte. Alles war da: das alte Rom, Griechenland, das alte Ägypten, das Barock, die Renaissance, okkulte Zeichen. Die Erbauer der Utopie hatten keinen Zweifel daran, daß die Ästhetik des Glücks die besten Werke der vorherigen Zivilisation aufnehmen müsse.

Die Fassaden der Nachkriegspaläste sahen aus wie spitzenbesetzte Tücher, auf denen sich barocke Giebel mit fünfzackigen Sternen in der Mitte, antike Vasen, Füllhörner, Urnen, korinthische, toskanische und ionische Säulen und Pilaster, ägyptische Obelisken, Balustraden, Medaillons, Rosetten, falsche Fenster und Balkone und natürlich eine Vielzahl von Kultsymbolen wie Hammer und Sichel und sogar Maurerzirkel zu komplexen Mustern verschlangen.

Die Nachkriegspaläste waren plangemäß gelb. Sie trugen dieses Gelb in verschiedenen Schattierungen, einmal ganz aufgehellt, fast weiß, dann in sattem Ocker. Wenn es in der Stadt regnete oder der lange Winter kam, war die Sonne immer noch symbolisch in der Farbe der Paläste anwesend. Mit ihrem Aussehen bestätigten sie, daß dies die Sonnenstadt ist, selbst wenn keine Sonne da war. Im Prinzip kann die reale Sonne niemals in der Stadt sein, und doch bleibt sie die Sonnenstadt, die Stadt der intelligiblen, nicht der physischen Sonne.

## 45

In meiner Jugend streifte ich gern ziellos durch die Gelbe Stadt. Ich entdeckte in ihr eine Menge surrealistischer Kompositionen, deren Stil mir vertraut wurde. Zu dieser Zeit studierte ich schon an der Architekturfakultät der polytechnischen Akademie. Mein Hauptfach war Städtebau.

In der Gelben Stadt entdeckte ich viele Dinge, die ich nicht verstand und die mich neugierig machten. Die Stadt war wie ein Rebus, geschaffen von jemandem, der sich seines Werks selbst nicht bewußt war. Der Erbauer der Stadt war nicht ihr Erbauer, sondern nur ein Medium, dessen Hand eine höhere Kraft führte. Es machte Spaß, die Rätsel dieser höheren Kraft zu lösen, dieser unsichtbaren Hand, die die seltsamen Labyrinthe dieser seltsamen Stadt geschaffen hatte.

Die Monumentalität der Gelben Stadt unterwarf den Menschen, wurde aber gleichzeitig durch eine Art Schleier gemildert. Dieser Schleier war ihr provinzieller Sentimentalismus. Die Fläche der imperialen Stadt, die per definitionem Abstand von ihrem Beobachter halten muß, wurde plötzlich an zahlreichen unerwarteten Stellen gebrochen, rückte näher und gewann ein menschliches Maß. Die majestätischen architektonischen Formen schrumpften wie in einem surrealistischen Gemälde zu Miniaturen, dann wuchsen sie wieder zu gigantischen Gebilden.

Verschiedenste Dekorationen wechselten einander ab. Durch einen pompösen, reich verzierten Bogen gelangte man in einen ärmlichen Hof, wo der einzige Schmuck der unverputzten Wände eine Reihe von Verschlägen war, die die Bewohner wie Starenkästen anstelle der Balkone nach ihrem Geschmack und ihren Vorstellungen angebracht hatten. Doch schon nach hundert Metern endete dieser ärmliche Prunk und ein zweiter monumentaler Bogen führte auf einen riesigen Platz, auf dem gigantische korinthische Säulen zwischen den wie Liliputaner aussehenden Menschen entlang der Bürgersteige den Takt schlugen.

Der ununterbrochene Wechsel von ästhetischen und psychologischen Ebenen schuf im Stadtraum zahlreiche Zonen des Irrationalen, des Unlogischen, so daß man sich wie ein

Reisender fühlen konnte, der in das Labyrinth eines Kafka- oder Canetti-Romans geraten ist. Es gefiel mir, die Fassaden der Gelben Stadt zu betrachten, dort Unverständliches zu entdecken, das vielleicht einem einfachen Passanten nicht auffiel, das ich aber sah, weil ich den Kanon der klassischen oder einfach der logischen Architektur gelernt habe.

Mir gefiel es, in dem Text dieser Stadt seltsame, verschlüsselte Botschaften aufzuspüren, von denen man nicht wußte, wer sie gesendet hat und für wen sie bestimmt sind. Mir gefiel es, Durchgänge zu entdecken, durch die nur ein kleines, ölverschmiertes Menschlein gepaßt hätte, die aber von Portalen geschmückt wurden, die für majestätische, monumentale Türen bestimmt waren. Mir gefiel es, seltsamen Stuck zu entdecken, der plötzlich auf einer unverputzten Ziegelwand wuchs, einen Pilaster zu finden, der unvermittelt einsam an einer Stelle auftauchte, wo er im Prinzip nie hätte sein dürfen, Balkone ohne Ein- und Ausgang zu sehen, die mit leeren Augen ohne Pupillen in den Himmel blickten.

Mir gefiel es, ganze Großkompositionen wie den Palast des Fernsehens in der Kommunismus-Straße zu entdecken: ein monumentaler Säulengang, ähnlich jenem auf dem altägyptischen Tempel in Luxor, war an der konstruktivistischen Fassade des Gebäudes angebracht, durch die schüchtern ein Barockportal hindurchwuchs, das an die Silhouette der Kirche Il Gesù in Rom erinnerte. Oder den kleinen Palazzo an der Ecke Karl-Marx-Straße/Komsomol-Straße, in dessen konstruktivistische Vorkriegsfassade korinthische Miniatursäulen in übereinanderliegenden Reihen eingelassen waren und dessen asketischer Eingang von einem komplizierten Pflanzenornament aus Stuck umrankt wurde.

Wenn ich durch die imaginären Labyrinthe der Gelben Stadt

lief, zwischen den seltsamen Palästen unter dem Kobalthimmel, durch den Wattegötter schwammen, entdeckte ich eine Schönheit in der Stadt, die ich in der Kindheit nicht gesehen hatte. Seltsam, aber diese Entdeckung wurde erst möglich, als ich das Land des Glücks endgültig verlassen hatte.

## 46

Einst war die Sonnenstadt voller Skulpturen und Darstellungen der Götter im Land des Glücks. Man konnte sie überall treffen – an den Fassaden und den Interieurs der Paläste, auf den Plätzen, in den Parks und den Grünanlagen. Die große Utopie schuf einen Olymp mit zwei Kammern, eine für die Demiurgen und eine für die heldenhaften Menschen-Götter. Den Platz von Zeus und Apoll nahmen in der ersten Kammer ein: der Große Kommunist, der Große Arbeiter, der Große Soldat, der Große Wissenschaftler, der Große Astronaut, der Große Stahlgießer, der Große Grubenarbeiter, der Große Eisenbahner, der Große Baumwollzüchter, der Große Traktorist, der Große Komsomolze, der Große Bauarbeiter, die Große Weberin, die Große Kolchosarbeiterin und so weiter und so weiter. Dies waren die Demiurgen, die das Land des Glücks geschaffen hatten. In der Sonnenstadt gab es noch einen Lokalkult um den Großen Partisanen, den Helden, der mit den Giganten des Dritten Reichs kämpfte und dessen Abbild besonders häufig in den fernen Vororten der Stadt anzutreffen war. Die Skulpturen der Demiurgen wurden meist auf den Fassaden der Paläste plaziert, und ihre Darstellungen fanden sich in Mosaiken, als Graffito, als Wandmalerei und als Meißelarbeit an den gut sichtbaren Wänden der Gebäude.

Menschen-Götter im Land des Glücks waren der Große Lenin und der Große Stalin. Zwar war der Große Stalin in meiner Kindheit schon gestürzt, doch es gab im Land noch immer Menschen, die seinem Kult huldigten. Die Skulpturen des Großen Lenin wurden gewöhnlich auf Plätzen aufgestellt. In den Interieurs der Paläste wurden Büsten und kleinere Skulpturen angebracht. In den Apparaten von Metaphysikus, Macht, Weisheit und Liebe hing in den Arbeitszimmern aller Dienstränge eine unendliche Menge von Leninporträts. In den Arbeitszimmern der Staatssicherheit hängten sie lieber das Porträt von Felix Dserschinski auf, ein schmächtiger Onkel von intelligentem Äußeren mit einem Spitzbart und etwas spitzen Ohren.

In der Kammer der Menschen-Götter gab es zwei Deutsche – Karl Marx und Friedrich Engels, deren Skulpturen ebenfalls auf Plätzen aufgestellt wurden, wenn auch zugegebenermaßen nicht so zahlreich wie die Lenins. Auf dem Olymp gab es noch eine Reihe weiterer Deutscher: Karl Liebknecht, Rosa Luxemburg und Clara Zetkin, aber von ihnen wurden keine Denkmäler aufgestellt, sondern nur Straßen nach ihnen benannt. Die Straßen wurden nach allen Göttern benannt – nach den Demiurgen und den Götter-Helden. Besonders viele Orte in der Stadt wurden nach Lenin benannt. Als es keine Straße, keinen Prospekt und keinen Platz mehr gab, der nicht bereits nach ihm benannt war, begann man sich seiner anderen Pseudonyme und seiner Mädchennamen zu entsinnen und die Straßen nach diesen zu benennen. Als auch sie ausgingen, wurde sein Name Palästen, Fabriken, Bibliotheken und Universitäten verliehen.

Es gab auch kleine Demiurgen im Land des Glücks – die Großen Pioniere und die Großen Oktoberkinder, deren

Skulpturen in Grünanlagen und in den Hofparks standen. Aber sie hatten ebensowenig Glück wie die Venusfiguren mit dem Ruder. Sie standen den Menschen zu nahe, deswegen wurden ihnen zuerst die Nasen abgeschlagen, dann die Ohren und die Arme abgebrochen. Jeder Barbar genießt es, einem Gott ein Ohr abzureißen, wenn er weiß, daß er dafür nicht bestraft wird.


47

Mein Vater verdiente im Land des Glücks sein Geld mit den Göttern. Später, als ich bereits Architektur studierte, zog er auch mich in unser Familiengeschäft mit hinein, an dem auch andere Verwandte beteiligt waren. Mein Vater fertigte gemeinsam mit K. Darstellungen der Götter an und allen möglichen anderen Agitationskram für Kolchosen, die in den nahen, fernen und ganz fernen Vororten der Sonnenstadt lagen. Die Herstellung von Göttern brachte allen Beteiligten ansehnliche Einkünfte. Für die Ausgestaltung einer großen Kolchose nahm mein Vater zehn, fünfzehn, fünfundzwanzig Tausend Rubel. Die Menschen erhielten durchschnittlich zweihundert Rubel im Monat, und daher galt das als gutes Einkommen. Mein Vater verdiente in zwei, drei Monaten soviel wie andere in zwei, drei Jahren. Wir machten alles: Meißelarbeiten, Buntglasfenster, Wandmalereien, Graffiti; wir malten Parolen und Plakate, stellten Denkmäler auf. Wenn mein Vater etwas nicht selbst konnte, dann stellte er Künstler ein, die die Aufgabe meisterten.
Bei den Fahrten zu unseren Nebenverdienstorten entdeckte ich ein ganz anderes Leben. Bis dahin hatte ich keine Vorstellung gehabt, wie das Leben außerhalb der Stadt aussah.

Wenn ich die Sonnenstadt – selten genug – verließ, dann nur um in eine andere Stadt zu fahren. Das flache Land war für mich eine Terra incognita, die ich erst als fahrender Geselle des Schöpfers der Götterhelden kennenlernte. Ich begann auch die Reize dieses Lebens zu entdecken. Dort wuchsen ebenfalls Orchideen, die Sitten waren einfacher und der Selbstgebrannte klarer. Doch wir tranken nicht viel bei diesen Ausflügen. Mein Vater erlaubte der Mannschaft nicht, sich gehen zu lassen, wir arbeiteten grundsätzlich vom frühen Morgen bis zum späten Abend. Alle wollten möglichst schnell einen *Haufen Kohle scheffeln* und damit zurück in die süße, verlockende Stadt fahren, zurück zu ihren blühenden Boulevards, zu den *Girlies*, ins *Potsdam*, zum Freimaurer-Haus.

Mein Vater hatte nie an das geglaubt, was er herstellte, und lachte immer herzlich über die *Dummköpfe*, die bereit waren, ihm dafür Geld zu zahlen. Doch wir führten alles sorgfältig aus, echte deutsche Qualitätsarbeit. Ich glaube, daß unsere Graffiti, Glasfenster und Meißelarbeiten in einigen Kulturpalästen auf dem Land und Dorfklubs erhalten geblieben sind. Aber unter den umherziehenden Götterschaffern gab es auch echte Amateure. Über sie wurden viele lustige Geschichten erzählt, die schon zu Klassikern unter den Götterschaffern geworden waren: über den Lenin, dem aus Versehen oder im Suff zwei Mützen eingemeißelt wurden, eine auf dem Kopf und eine in der Hand; über den Iljitsch, dessen Finger, jener, der den Weg zum Kommunismus wies, aussah wie ein erigierter Penis. Und Lenins, die den Weg zum Schnapsgeschäft zeigen, trifft man noch heute auf den Plätzen von Kleinstädten und Kolchosen.

Meine Lieblingsgeschichte war jedoch die vom fliegenden Iljitsch. Eine Kolchose beschloß, zum Tag der Oktober-

revolution ein Lenindenkmal zu errichten. Sie luden einen Trupp Amateurbildhauer ein. Diese wollten einen Vorschuß. Aber statt sich an die Herstellung eines Iljitsch zu machen, versoffen sie den Vorschuß mit der Leidenschaft von Bohemegöttern. Kurzum, der Trupp veranstaltete ein Dauergelage. Kurz vor dem Revolutionstag kapierten sie, daß sie es nicht mehr schaffen würden, in so kurzer Zeit ein normales Denkmal hinzukriegen. Das Geld war aber schon versoffen, und den anderen Teil des Lohns wollten sie natürlich auch. Die Götterschaffer dachten nach und beschlossen, die Dorftrottel ein wenig übers Ohr zu hauen. Die Überlegung war einfach: Wir machen das Denkmal aus einem anderen Material, und wenn es auseinanderfällt, sind wir mit dem Geld längst über alle Berge.
Ein paar Nächte lang schnitten sie Schaumstoff aus und klebten einen Lenin zusammen. Dann malten sie ihn ordnungsgemäß mit bronzener Farbe an. In der Nacht auf den Festtag stellten sie den Lenin auf dem zentralen Platz des Städtchens auf seinen Sockel, bedeckten ihn mit Stoff und banden diesen mit Schnüren fest. Am nächsten Morgen kam das ganze Dorf zur Einweihung des Denkmals, das Präsidium versammelte sich – der Kolchosvorsitzende, der Parteigruppenleiter, die Ingenieure. Aus dem Kreiszentrum war sogar der Erste Sekretär des Kreiskomitees gekommen. Er war es auch, der die Schnüre zerschnitt. Der Stoff wurde heruntergezogen. Da steht er, der Iljitsch, macht etwas her und weist mit der Hand den Weg zum Kommunismus. Alle sind glücklich, freuen sich, feierliche Reden zum Jubiläum der Revolution werden gehalten.
Doch es war Herbst und das Wetter nicht allzu gut. Plötzlich kam ein heftiger Windstoß und wehte den Iljitsch davon. Und Lenin flog über das Dorf, seine ausgestreckte

Hand, die den Weg zum Kommunismus weist, kam völlig vom Kurs ab, zeigte mal nach Norden, mal nach Westen, dann nach Osten, dann nach Süden, mal auf die Erde, mal auf den Mars. Lange versuchte das Dorf, den Lenin einzufangen, ja, und auch den Götterschaffern jagten sie hinterher, um sie mit einem ordentlichen Schlag in die Fresse aus dem Suff zu holen.

## 48

Die Volkspaläste der Sonnenstadt waren eigentlich gar keine Paläste, sondern symbolisierten sie nur. Sie schufen lediglich die Illusion eines Palasts. Ihre Füllhornfassaden waren einfach vor den konstruktivistischen Körper des Gebäudes gestellt, das nur eine, höchstens zwei palastwürdige Wände hatte. Die Wand-Paläste umgaben die Gebäudeschachtel nur an den Stellen, die zur Straße zeigten. Dort, wo der vom Prospekt einsehbare Teil des Gebäudes endete, war es mit dem Überfluß augenblicklich vorbei. Die pompösen Stuckkarniesen, die korinthischen Säulen und Fenstergesimse verwandelten sich in eine graue Ziegelwand. Eigentlich waren es Flachpaläste, Wand-Paläste, Kulissen.
In der Ouvertüre zur Sonnenstadt, die ja nicht hier, sondern achthundert Kilometer weiter in Richtung des Sonnenaufgangs hätte entstehen sollen, war es nicht notwendig gewesen, das Hauptthema im Detail auszuarbeiten. Es mußte nur angespielt, angerissen, symbolisch deklamiert werden. Diese Stadt war nur ein Tor zur echten Sonnenstadt, daher hatte Bedeutung nur das, was der Reisende sehen konnte, wenn er durch den Triumphbogen eintrat. Was auf der anderen Seite lag, die er nicht sah, war bedeutungslos. Daher

waren dort die Außenwände der Paläste nicht einmal verputzt. Bestenfalls hatten sie Fragmente eines Dekors, die direkt auf der Ziegelwand angebracht waren.

Der dekadente Formenreichtum war nur auf die eine Seite des Blatts gezeichnet worden. Sobald man es umdrehte, öffnete sich ein wundersamer surrealistischer Anblick – unendliche Korridore von Flachpalästen, von Dekorationen, die nichts als Wände waren. Sobald man einen Schritt zur Seite tat, kam man in eine andere Realität.

Die korinthischen und ionischen Säulen, die schweren Karniesen und die monumentalen Bögen verschwanden augenblicklich. Was blieb, waren die grauen, unverputzten Wände – die echte Wahrheit des Lebens, ärmliche Balkone mit Wäsche und banalen Habseligkeiten, die kasernenhaft gleichförmige Reihe der schwarzen Fenster. Menschen, die so gar nicht nach den glücklichen Bewohnern der Sonnenstadt aussahen, die irgendwohin eilten, ihr kleines Drama mit sich trugen und dabei Figuren aus einem Brueghel-Gemälde ähnelten. Dieses Drama wurde in den Hofparks sichtbarer als auf der anderen Seite der Bühnenwand, wo der Marsch der römischen Säulengänge, der ägyptischen Obelisken, der griechischen Vasen, der in Stein gemeißelten Göttermenschen der kommunistischen Mythologie des allgemeinen Glücks alles andere übertönte.

Die Sonnenstadt war eine Fassadenstadt, eine Stadt der flachen Korridore des Überflusses, die lediglich zum Betrachten da waren, nicht, um in ihnen zu leben.

## 49

Die Sonnenstadt war eine Stadt der Künstler und Dichter. Um die prächtigen Dekorationen des Überflusses zu schaffen, benötigte das Land des Glücks talentierte Menschen. In der Stadt gab es mehrere Akademien für die Musen, in denen die Geheimnisse der Götterbildhauerei, die Kunst des hohen Worts und die Komposition der Märsche und Lieder für das Land des Glücks gelehrt wurden. Nicht alle, die die Akademie durchlaufen hatten, machten das, was man von ihnen erwartete. Dem einen war es zuwider, Götter zu meißeln, er wollte ein freier Künstler sein und reine Kunst schaffen. Ein anderer wollte durchaus das in der Akademie Gelernte anwenden, scheiterte aber wie mein Vater am Kulturbetrieb, denn dazu gehörte auch die Fähigkeit, mit den Leuten aus dem Apparat des Metaphysikus oder zumindest mit den Kolchosvorsitzenden eine gemeinsame Sprache zu finden. Ein anderer soff sich zu Tode, ohne etwas geschaffen zu haben. Wie dem auch sei, Künstler und Dichter gab es in der Sonnenstadt überproportional viele, mehr als in anderen Ländern und anderen Städten mit der gleichen Zahl von Proletariern oder Ingenieuren.

Die Sonnenstadt liebte ihre Genies nicht. Sie war selbst genial und brauchte Menschen, die nur ihrer Genialität zuarbeiteten. Die anderen erstickte sie, unterdrückte sie, warf sie hinaus. Für ein Genie gab es nur einen Weg zur Rettung – aus ihr zu flüchten. Diese alte Tradition pflegte nicht nur diese Stadt, sondern die ganze Welt. Gerettet haben sich – das heißt ihr Genie – nur jene, die von hier flüchteten: Marc Chagall, Chaim Soutine oder Fjodor Dostojewskij. Wer nicht ging, starb als unerkanntes Genie. Bei einem Unfall wie Alexej Schdanow, am Suff wie Anatolij Sys, oder er

wurde wie Michoels* einfach von einem Auto überfahren.

Es war Kim, der sie »Stadt der zugrunde gerichteten Genies« nannte – der geniale Starez, der Guru und Lehrer vieler Dichter dieser Stadt. Obwohl der revolutionäre Vorname von Kim Chadejew** aus den Initialen der »Kommunistischen Internationalen der Minderjährigen« gebildet war, gehörte er zu denen, die nie im Land des Glücks gelebt und nie an seinen flachen Überfluß geglaubt hatten.

In den fünfziger Jahren rief Kim als Student von einer Universitätsbühne zum Sturz des Metaphysikus auf. Dafür verbrachte er einige Jahre in den Gefängnissen und Psychiatrien des Lands des Glücks. Doch Stalin starb, das Tauwetter brach an, und Kim kehrte in die Stadt zurück und gründete seine Akademie der Musen. In Kims Akademie gehörten griechische Mythologie und Rechtsphilosophie nicht zu den Pflichtkursen. Aber Tausende Menschen, die sie im Laufe vieler vieler Jahre durchliefen, erhielten dort ein Wissen, das ihnen keine andere Akademie der Sonnenstadt hätte geben können.

* Alexej Schdanow, Science-fiction-Schriftsteller.
  Anatolij Sys, 1959-2005, weißrussischer Lyriker und Essayist. In der zweiten Hälfte der achtziger Jahre einer der Initiatoren der weißrussischen Nationalbewegung, damals entstanden seine Poeme *Alaisa* (Alaiza) und *Der Feuervogel* (Agon'-Ptuška).
  Solomon Michajlowitsch Michoels (eigentlich Wowsi), 1890-1948, Regisseur, Schauspieler, Mitgründer und Leiter des Moskauer Staatlichen Jüdischen Theaters. 1942 erster Vorsitzender des Jüdischen Antifaschistischen Komitees. 1948 in Minsk durch den KGB in einem fingierten Autounfall ermordet.
** Kim Chadejew, Philosoph, Vorbild und Lehrer mehrerer Generationen der Minsker Intelligenz. 1929 geboren, rief er 1948, im Alter von 19 Jahren, als Student der Weißrussischen Staatlichen Universität zum Sturz der Bolschewiki und zur Hinrichtung Stalins auf, wofür er zu Lagerhaft verurteilt wurde. 1962 wurde er erneut wegen dissidentischer Aktivitäten in Minsk verurteilt. Er starb 2001.

Kims Akademie befand sich in seiner kleinen Wohnung im ersten Stock eines flachen, langgezogenen Hauses, das von deutschen Kriegsgefangenen erbaut worden war. Die Wohnung lag in einem Viertel direkt hinter einem der Korridore des Überflusses, der vom Viktoriaplatz nach Norden führte. Hier begann ein in der Nachkriegszeit errichteter Stadtteil, der aus gleichförmigen, zweistöckigen gelben Gebäuden mit hohen Dächern bestand. Kims Haus ähnelte einer Baracke.

Wenn man über die kleine Holztreppe nach oben stieg, kam man in einen langen, halbdunklen Korridor, in dem es nach Katzen roch und der immer von irgendwelchen Habseligkeiten der Bewohner übersät war. Von beiden Seiten gingen die Türen der winzigen Wohnungen auf den Korridor. Er erinnerte ein wenig an eine große Kommunalka. Direkt hinter den Türen lagen die Zimmer, die nur durch eine mikroskopisch kleine Diele von dem Korridor getrennt waren, so daß man beim Vorbeigehen die Geräusche und Gerüche des Lebens auffing. Man konnte hundertprozentig bestimmen, hinter welcher Tür es heute Gemüseragout und hinter welcher es gedünsteten Fisch gab, hinter welcher Tür kleine Kinder tobten und hinter welcher heute wie auch schon gestern getrunken und geflucht wurde.

Eine dieser Türen führte in Kims Wohnung, die aus einem Zimmer, einer kleinen Küche und einer Sanitärzelle bestand. Kims Zimmer war bis zur Decke mit Bücherregalen vollgestellt, die in den oberen Ecken mit Spinnweben überzogen waren. In der Mitte stand ein runder Holztisch, außen herum ein Sofa und der Sessel des Hausherrn, auf dem meist Kim selbst mit seiner ewigen Zigarette saß, die er mit seinen gelblichen Raucherfingern an einem Mundstück hielt. In der Küche stand auch ein Sofa, oder eher eine Ma-

tratze, die einfach auf dem Boden lag und auf der ständig jemand saß, trank oder schlief.
Als Freunde mich zum ersten Mal in Kims Wohnung mitnahmen, war ich ziemlich aufgeregt. Ich hatte schon viel von ihm gehört und wußte, daß er ein außergewöhnlicher Mensch war. Wir setzen uns auf die Matratze, öffneten ein paar Flaschen Wein und warteten auf den Hausherrn.
Irgendwann kam Kim zurück. In die Küche trat ein kleiner, dürrer alter Mann mit einem Bart, der ein wenig an die Bärte der Klassiker auf den Porträts der Himmelsbewohner im Land des Glücks erinnerte. Nur daß diese Bärte meist nach unten spitz zuliefen. Kims Bart glich eher dem Bart Lenins. Nachdem er uns freudig begrüßt hatte – er freute sich immer aufrichtig über neue, unbekannte Leute –, holte er aus einem Einkaufsnetz ein Glas Sauerrahm und begann, ihn ohne etwas dazu mit einem Löffel direkt aus dem Glas zu essen. Dabei erläuterte er die Stärken und Schwächen des neuen Romans irgendeines russischen Schriftstellers, dessen Namen ich noch nie gehört hatte. Ich war frappiert, mit welcher Einfachheit und Genialität Kim über schwierige Dinge sprach und dabei aus dem Glas Sauerrahm löffelte, der ihm ab und zu auf die Kleider tropfte.
Chadejew war ein Mensch mit unglaublichem Wissen. Von Zeit zu Zeit verdiente er sich etwas dazu, indem er gegen Geld wissenschaftliche Dissertationen schrieb. Er selbst hatte natürlich keine wissenschaftlichen Grade, schrieb aber im Laufe seines Lebens für andere Leute fünfundzwanzig Magister- und fünf Doktorarbeiten in den verschiedensten Fächern. Die erste hatte er für den Oberarzt jener Psychiatrie geschrieben, in die er gesteckt worden war, weil er zum Sturz Stalins aufgerufen hatte.
Kims Wohnung war einer jener Orte in den Labyrinthen,

die sich hinter den Fassaden der Korridore des Überflusses befanden, an denen das reale Leben begann. Hier sagte niemand, daß Blut Wein sei, alle nannten Blut Blut und Wein Wein. Und natürlich zog man dem Blut den Wein vor, der dort in Strömen floß, in Strömen, die sich in den unterirdischen See der intellektuellen Debatten und Streits über Poesie und Literatur, über Theater, Kunst, Philosophie und die Gesellschaft ergossen. Kims Wohnung war rund um die Uhr voll mit Leuten, die mit einem neuen Roman, einem gerade geschriebenen Gedicht, mit einem Drama, mit Orchideen oder einfach nur mit Ideen und einer Flasche Wodka ankamen. Kim ließ alle herein, obwohl er immer mehr in einer Großkommune lebte, in der man sich nur selten zurückziehen konnte.

Viele Jahre lang schrieb er an zwei Büchern, an einem philosophischen, das er *Die Duplizität* nannte, und an einem Märchen, das an eine Geschichte über das Land des Glücks erinnerte. Kim sagte von vielen, die zu ihm kamen, sie seien Genies. Ihn hielten einige für einen Teufel, der die Seelen junger Dichter versuchte und verdarb. Tatsächlich spornte er sie eher an, tröstete sie und versuchte zu helfen. Vermutlich wußte er, daß diese Stadt sie eines Tages verschlingen würde. Wie sie auch ihn an einem Tag im September verschlang.

50

Wenn man vom Prospekt seitlich nach Norden oder Süden abbiegt, ändert sich der Charakter der Dekorationen immer deutlicher. Die Korridore des Überflusses beginnen mit jedem Schritt zu Splittern zu bersten. Die flachen, aber unversehrten Dekorationen werden zu Fragmenten. Die Wand-

Paläste verwandeln sich in Fenster-Paläste. Die Gebäude erwecken schon nicht mehr die Illusion, sie seien Paläste, sondern sind nur noch Palastsymbole. An den Bauten bleibt nur ein Zeichen, ein Stempel, der symbolisieren soll, daß vor uns nicht irgendein Gebäude, sondern ein Palast steht. Einen solchen Stempel können etwa einige mit prunkvoller Umrahmung verzierte Fenster darstellen, ein Portal oder einfach ein paar Pilaster vor einer unverputzten Wand, die sich manchmal an völlig unerwarteten Stellen eines Gebäudes finden.

Die Gelbe Stadt wird sukzessive grau. Grau ist die Farbe der Ziegelwände. Man hat das Gefühl, daß der Schöpfer das Zentrum seiner Komposition fertiggestellt hat, die Ränder aber Skizze geblieben sind. An unerwarteten Stellen hat er einige expressive Masken hinterlassen, die ihm das Unbewußte diktierte.

Die pompösen Korridore des Überflusses erlöschen, verlieren ihre ausladende Gestik, werden flacher, und statt Überfluß herrscht Bescheidenheit, schließlich Ärmlichkeit. Anstelle der wunderbaren Wand-Paläste bleibt nur die leere Ziegelschachtel des Gebäudes mit seinen in regelmäßigen, geometrischen Reihen verlaufenden eintönig dunklen Fenstern, von denen zwei oder drei – zumeist solche, die zur Straße hinausgehen – ein reiches Rahmendekor erhalten haben. Diese seltsamen Fenster-Paläste teilen dem Beobachter ihre hohe Herkunft kategorisch mit, fordern pietätvollen Umgang. Dabei ist die Wahrheit schon nicht mehr hinter den Frontfassaden der Paläste verborgen, sondern bereits von außen sichtbar. Die Wahrheit schaut Sie aus dem benachbarten Fenster an, das nicht verschämt zum Hofpark hinausgeht, sondern seine Nacktheit hier, direkt auf der Straße, demonstrativ zur Schau stellt.

Der Eindruck einer Phantasmagorie entsteht, einer gigantischen Dekoration für ein seltsames Spektakel. An die Stelle der Realität tritt eine Szenographie, doch eine Szenographie, die mit der Realität verschmilzt. Die Stadt der Paläste taut vor den Augen, erlischt, verdunstet. Je weiter Sie sich vom Zentrum entfernen, desto tiefer verschwindet sie in einer grauen Ziegeldämmerung. Von Zeit zu Zeit erstrahlt etwas, ein einsamer Wand-Palast, eine vergessene Vase, Reste von Skulpturen im Park oder eine lange Stuckwand mit Gipskohlköpfen, aber die Realität ist unerbittlich. Die Stadt wird Illusion, mehr und mehr, sie verschwindet ...

51

Wir verließen das Land des Glücks alle auf verschiedenen Wegen. Der eine war nie dort gewesen, ein anderer wurde gewaltsam zur Ausreise gezwungen, einige verließen das Land, als es im Sterben lag, noch bevor es tot war. Ich verließ das Land des Glücks früher als meine Altersgenossen. Ich wuchs in einem jüdischen Viertel auf, und die Juden wollten das Land des Glücks aus irgendeinem Grund immerzu verlassen. Sie hatten Verwandte in der anderen Welt, die ihnen Briefe schickten, in denen sie ihnen von einem unglaublichen Überfluß erzählten, der ganz anders war als unser aus Gips gefertigter Überfluß. Dann kam mein Vater. Dann Onkel Richard, ein Freund meiner Mutter, der das Land des Glücks nicht nur nicht mochte, sondern es haßte. Dann begannen andere Bücher zu erscheinen. Und dann kam Vilnius.
Ich liebte Vilnius vom ersten Atemzug an. Die Luft in den Straßen durchschnitt die im Gedächtnis haftenden Erinne-

rungen an den Geruch von Njamiha, jenem Njamiha, das vom Duft des Kaminrauchs erfüllt war und das ich in meiner Kindheit so geliebt hatte. Nach Vilnius war es nicht weit aus der Sonnenstadt, nur knapp hundertsiebzig Kilometer, drei Stunden mit einem gemütlich fahrenden Morgenzug, und schon konntest du den Duft des ersten Kaffees im *Vaiva* einatmen, einem Café in der Nähe der St. Johanneskirche.

Wir fuhren an freien Tagen nach Vilnius, ohne dort etwas besonderes erledigen zu müssen, einfach nur, um durch die Straßen zu streifen, in den alten Höfen Wein zu trinken, unter dem Torbogen, der zur Gorkij-Straße führte, gemächlich eine Zigarette zu rauchen und die ohne Hast vorbeigehenden Menschen zu beobachten. Um zu dem Bach am Fuß des Gediminas-Hügels zu gehen, die gewisse heidnische Energie dieses wilden, überwucherten Ortes zu spüren mit seinen unzähligen Schnecken, die in ihren Barockgewändern langsam die Stämme der alten Bäume hinaufkrochen. Diese Stadt war ganz anders als die Sonnenstadt. Über ihr lag die ruhige Stille ihrer ewigen Mauern. Doch aus dieser Ruhe kam eine kaum hörbare lockende Stimme, die in die tiefsten Tiefen des Bewußtseins eindrang.

Es war die Stimme des Bluts, die Schlaflosigkeit des Bluts, die Schlaflosigkeit der Schlaflosigkeit. Die blutigen Ufer der Schlaflosigkeit riefen, flehten dich an, wollten dich aufrütteln. Die Njamiha, die litauische Nemiga, tauchte hier wieder auf, in unserer alten Hauptstadt, in Vilnius. Ihre unterirdischen Wasser führten eine blutige Wahrheit mit sich, eine Wahrheit, mit der sie ihre Ufer bedeckte, ihre unsichtbaren unterirdischen Ufer. Sie flehte, ich solle diesen Kelch des Leidens austrinken, den Kelch des roten Wassers, das aussah wie Wein, das nicht glücklich machte, sondern die schlaflose Wahrheit zurückkommen ließ, den Schlaf raubte, unglücklich in der Wahrheit machte, im Bewußtsein der Un-Gerechtigkeit. Das bittere Wasser der Njamiha in deinem Blut forderte, flehte, gierte nach ihr, gierte nach dem Triumph der Gerechtigkeit, die nur auf dem Weg der Freiheit zu erreichen war, zu der man nur über Brüderlichkeit gelangt.

## 52

In Vilnius begann das Erwachen, ein Erwachen, das die blutige Wahrheit der Realität mit sich brachte. Die Wüstenfläche mit der Sonnenstadt in der Mitte begann sich mit Städten, Ereignissen und Menschen zu füllen, die die Wasser des unterirdischen Flusses davongetragen hatten. Eine Entdeckung folgte auf die andere. Jede war grausam, immer grausamer und grausamer.
In unserem Bewußtsein erstand Stück für Stück die Wahrheit über das historische Litauen. Neue Leute tauchten auf, die deine Freunde wurden und ebenfalls die Wahrheit wissen wollten. Die Wahrheit der Lehrbücher, die das Imperium geschrieben hatte und die wir in der Schule gelesen hatten, nährte uns mit dem Wasser eines anderen Flusses, dem Wasser der Lethe, in die wir alle Verbrechen, die hier im Laufe der Jahrhunderte begangen worden waren, hatten hineinschütten sollen. Wir wollten dieses von der Lüge vergiftete Wasser nicht mehr trinken. Wir suchten andere Bücher.
Solche Bücher gab es nur wenige. Zu lange hatte das Imperium sie verbrannt und die Menschen ermordet, die sie hätten schreiben können. Die Bücher, die wir bekamen, wur-

den auf der Schreibmaschine von dem einzigen vorhandenen Original abgeschrieben. Einige Bücher wurden von Negativen abgezogen und auf Photopapier gedruckt. Gemeinsam mit meinem neuen Freund und Banknachbarn in der Schule Smiter Sawka habe ich selbst solche Bücher gedruckt. In den oberen Klassen hatte ich begonnen, mich ein wenig mit Photographie zu beschäftigen. Ich besaß ein Vergrößerungsgerät und alles, was man sonst noch zum Abziehen von Bildern benötigte. Wir schlossen uns in dem kleinen Bad in der Wohnung in der Tscherwjakow-Straße ein und druckten in dem winzigen, finsteren, nur von einer roten Lampe erhellten Raum von Negativen Bücher, Hunderte Seiten Text auf kleinformatigem Photopapier.

Ich erinnere mich, wie sie aus dem Wasser auftauchten – Buchstaben, Wörter auf weißem Papier. Zunächst waren sie kaum auszumachen, dann traten sie deutlicher hervor, wurden stärker, bis sie schließlich schwarz auf weiß einen Text bildeten. Eins, zwei, drei, vier, fünf – der Auslöser des Vergrößerungsgeräts klickte, und in dem kleinen, in den Waben der Sonnenstadt verlorenen Untergrundlaboratorium wurde eine weitere weiße Seite Wahrheit in die Wanne mit dem Entwickler versenkt. Das Wasser, in welches das Blatt fiel, war das Wasser der Njamiha, das unsichtbare Wörter dazu aufrief, aus der leeren Seite hervorzutreten, die in der Mitte eines schwarzen Zimmers lag, vom roten Schein der blutigen Ufer beleuchtet. Und sie erschienen wieder, schwarz und hart wie die Wahrheit. Eins, zwei, drei, vier, fünf...

Ich ging nicht mehr auf die Demonstrationen und schaute mir am Revolutionstag keine Paraden auf dem Roten Platz mehr an. Wir hatten nun unsere eigenen Feiertage, Gukanna, der Frühlingsanfang, und Kupala, die Sommersonnwende, Feiertage aus der alten heidnischen Tradition dieses Landes. Gukanna liegt zeitig im Frühjahr. Der große Schnee hatte die Stadt und ihre Vororte schon verlassen, nur im Wald und an Stellen, an die die Sonne nicht gelangte, lagen noch zu Stein gewordene Schneeflecken. Wir setzten uns in einen Vorortzug, fuhren aus der Stadt zu der alten Burg, von der nur die Erdwälle und eine wie durch ein Wunder heilgebliebene kalvinistische Kirche übrig waren.

Wir stahlen uns heimlich aus der Stadt. Obwohl wir nichts Verbrecherisches taten, sondern nur alte Lieder sangen, galt allein schon die Tatsache, daß wir uns versammelten und Weißrussisch sprachen, als Aufstand gegen das Land des Glücks. Nun hatte es dort immer Menschen gegeben, die Weißrussisch sprachen – Schriftsteller und Wissenschaftler. Obwohl das Imperium sie mißtrauisch beäugte und von Zeit zu Zeit ihre Reihen lichtete, indem es einen von ihnen in den Wald vor der Stadt schleifte und dort verscharrte, benötigte es sie doch, denn sie waren die Dekoration, die das glückliche Leben der Völker im Land des Glücks bewies. Wir aber galten dem Imperium als Nationalisten. Wir sprachen Weißrussisch nicht als Dienstsprache, sondern einfach, weil wir es wollten. Wir wurden alle in der Sonnenstadt geboren, wir waren aber undankbare Kinder. Wir bereiteten einen Aufstand gegen diese Stadt vor.

An einem feuchten, kühlen Tag im Frühjahr sangen wir auf den von Erde bedeckten Ruinen einer alten Zivilisation alte Lieder und riefen den Frühling in unser Land, in diese Stadt. Wir waren vierzehn, sechzehn, achtzehn, und wir freuten uns, daß wir in diesem Frühjahr schon zu zehnt, zu zwanzig, zu dreißig, zu vierzig, zu fünfzig im schwindenden Schnee unter dem trüben Himmel standen.

## 53

Das Land des Glücks war lange krank. Seine Seele – der Glaube der Menschen – zog sich schrittweise zurück. Dann starb ein Metaphysikus nach dem anderen, so schnell hintereinander, daß wir uns noch gar nicht an den neuen gewöhnt hatten, als im Fernsehen schon wieder *Schwanensee* lief. Aus irgendeinem Grund wurde immer dieses Ballett gezeigt, wenn ein Metaphysikus oder ein anderer Opferpriester im Land des Glücks starb. Vermutlich war *Schwanensee* der Styx und der Acheron des Metaphysikus, das unterirdische Wasser, das seine Seele holte. Wenn man morgens den Fernseher einschaltete und weiße, tanzende Ballerinen auf schwarzem Grund sah, wußte man, daß jemand im Land gestorben war.

Zum ersten Mal sah ich die kleinen Ballerinen, tanzende Schwäne auf den Zacken der Kremlsterne, als Breschnew gestorben war. Sein Tod markierte das Ende einer großen Epoche. Danach begann das besorgte Warten auf etwas Unbekanntes. Noch wußte niemand, daß das Land des Glücks im Sterben lag, aber alle hatten ein Vorgefühl, man ahnte, daß es eine Entladung geben würde, daß eine Katastrophe heraufzog. Der letzte Akt des Stücks mit dem Titel Glück begann.

Der Sarg des Metaphysikus wurde in der zentralen Säulenhalle des Hauses der Sowjets aufgebahrt. Es war eine alte Tradition im Land des Glücks, sich in dieser Halle von den Opferpriestern zu verabschieden. Dort war Lenin beweint worden, dort wurde um Stalin getrauert, und dort verabschiedete man sich von Breschnew. Auf dem Fernsehbildschirm erschien in regelmäßigen Abständen das Haus der Sowjets. Die Kamera erfaßte seine Fassade und einen Teil des Platzes vor dem Haus, wo ein Menschenstrom zu sehen war, der sich in das schwarze Rechteck des Eingangs ergoß. Über ihm hing ein riesiges Porträt des Metaphysikus. Unten rechts trennte ein schwarzer Streifen ein Dreieck von dem Plakat ab. Die reiche Stuckfassade zierten schwarze, senkrechte Stoffbänder und Trauerbanner.

Dann erschien die Säulenhalle auf dem Bildschirm. Der Sarg stand auf der Bühne, umgeben von Trauerschmuck und korinthischen Säulen. Quer über den Sarg waren Nelken gestreut. Es gab dort auch andere Blumen, aber die Blume der Revolution war nun einmal die Nelke. Menschen mit schwarzen Binden am rechten Arm traten nacheinander zum Sarg des Metaphysikus und erwiesen ihm die letzte Ehre. Dies waren seine Mitherrscher: Weisheit, Macht und Liebe, aber auch Mut, Justitia, Keuschheit, Fleiß, Wahrheitsliebe, Kosmograph, Geometer, Historiograph, Poet, Logik, Rhetorik, Grammatik, Medizin, Physik, Politik, Moralist und so weiter.

Von Zeit zu Zeit zeigte die Kamera den Metaphysikus in Großaufnahme. Sein wächsernes Gesicht auf dem Bildschirm glich einer Totenmaske. Der Metaphysikus hatte so lange gelebt, daß sein Gesicht längst wie eine Totenmaske aussah.

Es war Spätherbst. Erst wenige Tage zuvor hatte das Land den Tag der Revolution begangen, und alle Menschen, die zum Sarg gingen, trugen ähnlich aussehende graue Mäntel. Ihre Mützen hielten sie in den Händen. Möglicherweise gab es auch andere Farben, doch im Fernsehen sahen alle Mäntel grau aus. Der eine oder andere weinte, einige waren traurig, alle sahen unglücklich aus. Lang zog sich der graue Strom dahin, unendlich lang, zur Tanzmusik der kleinen Todesengel, die auf den Zacken der roten Sterne tanzten.

Dann erschien ein Katafalk auf dem Bildschirm – eine mit goldumfranstem rotem Samt behängte Artillerielafette. Der Sarg des Metaphysikus glitt langsam und feierlich aus dem schwarzen Durchgang der Säulenhalle. Die Prozession setzte sich in Bewegung. Der letzte Weg eines jeden Metaphysikus führte über den Fluß des Todes, den Acheron, zur Kremlmauer, von wo sie nicht mehr zurückkamen. Langsam und feierlich schwamm die Prozession über den Roten Platz. Neben dem Sarg schlugen Metronome in Paradeuniformen den Rhythmus. Ihr Federmechanismus gab der ganzen Prozession den Takt vor. Die Pendel ihrer Beine berührten den Platz gleichzeitig und erzeugten ein monotones Tick-Tack, Tick-Tack...

Vor dem Sarg schritten die roten Atlaskissen, auf denen die goldenen Sterne und Orden des Metapyhsikus lagen – dutzende Quadrate mit kleinen Sternchen in der Mitte. Dann kamen rote Wappen in schwarzen Trauerbändern, auf denen wie Diademe die Trauersprüche standen. Sie wurden von schwarzen Handschuhen getragen. Den Wappen folgte der Katafalk. Er war mit einem schwarzgerahmten Porträt des Metaphysikus geschmückt. Hinter dem Sarg ging trauergebeugt die Familie des Metaphysikus. Danach kamen Liebe, Macht und Weisheit in Schafsfellmützen. Dann Menschen mit Bibermützen. Dann Bisamratten. Die Kaninchenfellmützen standen in einer schweigenden Diagonale auf dem Platz.

Die Prozession näherte sich der Kremlmauer, dem Friedhof der Götter, der sich zu beiden Seiten der Kaaba des Landes entlangzog, des schwarzen pyramidenförmigen Steins, in dem die Mumie Lenins lag – des Propheten, der Gott geworden war. Der Sarg mit dem Metaphysikus glitt zu dem grauen Parallelepipedon, der bis zwei Meter tief aus der

Erde ausgehoben worden war und sich direkt an der Mauer befand, in der Nähe weiterer, in die Erde eingesunkener Parallelepipeden, unweit der boshaften blauen Tannenkegel, die an diesem Ende des Platzes wuchsen. Die Prozession erreichte den Parallelepipedon. Da geschah etwas, was für einen Moment alle erschaudern ließ, die es im Fernsehen verfolgten. Die Metronome kamen aus dem Takt. Als der Sarg in den Parallelepipedon hinuntergelassen wurde, entglitt einem der weißen Handschuhe das Seil, und der Sarg wäre beinahe in die Grube gestürzt. Doch im Bruchteil einer Sekunde war der Rhythmus wiederhergestellt, und der Körper des Metaphysikus senkte sich langsam in die Erde. Aber alle hatten verstanden, daß dies ein schlechtes Zeichen war.

Während der Sarg mit dem Körper des Metaphysikus ins Grab sank, heulten in den Vorstädten die Fabriksirenen. Sie heulten in den Vororten aller Städte des Landes. Ein langer, nicht enden wollender Schrei durchzog den Raum dieses grauen Herbsttages. Er flog über den verstummten Prospekt, über die Parks, über die verödeten Plätze der Gelben Stadt. Die Vorstädte der Sonnenstadt trauerten. Sie nahmen Abschied vom Land des Glücks.

## 54

Wenn Sie aus der Sonnenstadt herausfahren – ganz gleich ob mit dem Zug oder mit dem Auto –, dann werden Sie von der seltsamen Leere dieses Landes erstaunt sein. Doch erst einmal bleiben die Plätze der Gelben Stadt hinter Ihnen zurück, der breite Prospekt, die Wand-Paläste, die Fenster-Paläste, die symmetrischen Türme des Tors und die acht

schweigenden Stadtwächter, die so tun, als bemerkten sie Ihre Abreise nicht. Die Parks winken Ihnen mit den Sekundenzeigern der gigantischen Uhren zum Abschied nach. Die Geometrie der Augen auf dem Platz der Weisheit atmet erleichtert auf und wirft Ihnen einen Blick hinterher, das Lenindenkmal schielt heimlich zu Ihnen herüber.

Wenn Sie an einem Sommerabend nach einem heißen Tag aus der Stadt fahren, spüren Sie den Atem der feuchten, warmen Luft jenes Meeres, das es in dieser Stadt nicht gibt. Verlassen Sie sie im Winter, dann bleibt die eindringliche, schwarzweiße, eisige Klarheit der Stadt in den hintersten Winkeln Ihres Gedächtnisses haften, einer seltsamen Stadt, die einsam an einer Stelle steht, an der Europa endet und ein Kontinent beginnt, der sich bis zu den fernen Ozeanen hinzieht. Wieder kehren Ihnen die Fabrikvororte mit ihren Mauern und Hallen den Rücken zu, und die Neubausiedlungen fliegen gleichgültig an Ihnen vorbei nach Osten. Dann fahren Sie in einen Raum, in dem unter einem seltsamen, endlosen Himmel fast kein Mensch zu finden ist. Bevor Sie zur Grenze gelangen, fahren Sie einige hundert Kilometer durch ein wüstenartiges Land, durch einen Raum, in dem Sie nur vom Gold der Felder und den immergrünen Kronen der Fichtenwälder umgeben sind, die sich wie in einem Spiegelkabinett unendlich reproduzieren.

Einst als Kind erschreckte mich die Leere dieses Landes. Später entdeckte ich darin einen Zauber, den ich früher nicht hatte sehen können. In dieser wüstenhaften Leere liegt etwas, das den Menschen in Bann schlägt, wenn er von dem überfüllten europäischen Raum ermüdet ist. Ihre Anziehungskraft verstärkt sich durch das unabweisbare Gefühl einer Präsenz. Dieses Gefühl gleicht jener Empfindung, die sich einstellt, wenn man in eine alte gotische Kathedrale tritt

und spürt, daß sie von der Energie vieler Menschengenerationen erfüllt ist, die hier lebten, beteten und beerdigt wurden. Dieses Land gleicht einer gotischen Kathedrale, in deren scheinbarer Leere unsichtbare Ereignisse und Städte anwesend sind, Millionen Menschen, die diesen Himmel vor Ihnen gesehen haben, unter ihm gelebt haben und gestorben sind. Es ist wie auf einer leeren Bühne: die Dekorationen sind abgeräumt, doch das unhörbare Echo des Stücks, das vor Ihrer Ankunft gespielt wurde, hängt noch in der durchdringenden Stille.
Eine Kathedrale, die es nicht gibt. Ein Land, das es nicht gibt. Ein Volk, das es nicht gibt. Eine Stadt, die es nicht gibt. Eine Insel, die es nicht gibt. Ein Ort, den es nicht gibt. Eine Utopie.

## 55

Ich wurde im Land des Glücks geboren. War ich dort glücklich? Vermutlich ja. Jeder Mensch hat sein Land des Glücks – die Kindheit. Und in der Kindheit ist es nicht wichtig, in welchem Land man geboren wurde.
War ich glücklich im Land Utopia? Wahrscheinlich ja – solange ich an die Utopie glaubte. Wir glaubten an diese prächtige Dekoration, die zwischen der Utopie und der Realität errichtet worden war, eine Dekoration, die der Utopie die grausame Wahrheit des Zerfalls der Realität verbarg und für die Realität die Illusion einer Realisierung, einer Verkörperung der Utopie schuf. Die Gesellschaft des Glücks konnte sich nur als Ästhetik des Glücks materialisieren, als grandiose, aber flache Szenographie an der Grenze von Utopie und Realität, durch deren majestätische

Säulengänge nur eines drang: die eindringliche, grenzenlose Leere der *Insel, die es nicht gibt*.
Hätte die Utopie anders Realität werden können? Vermutlich ja, aber nicht im Imperium des Bösen. Das Imperium des Bösen war keine Ausgeburt der Utopie. Es entstand viele, viele Jahrhunderte früher in einem Land, in dem die Sklaverei bis heute ein Fluch für das Volk ist. Ein Volk, das Geniales in der Kultur geleistet hat, das sich aber von diesem Fluch bis heute nicht befreien kann. Für den Sklaven bedeutet es höchste Gerechtigkeit, daß er andere zum Sklaven macht. Jahrhunderte bescherte das Imperium seine Sklaverei anderen Völkern. Das historische Litauen, das heute Weißrußland heißt, bekam die Schläge des Imperiums lange Zeit als erstes zu spüren, bis es zu verbrannter Erde geworden war, in deren Mitte die Sonnenstadt lag.
Hätte die Sonnenstadt an einer anderen Stelle Wirklichkeit werden können? Vermutlich nicht. Sie konnte nur auf verbrannter Erde erstehen, in einem von Kultur gesäuberten Raum. Wahrscheinlich hätte sie im Chaos der Demokratie nicht entstehen können. Die ideale Stadt der Utopie mußte einen einzigen Urheber haben, einen Großen Architekten, einen Dirigenten. Dieser Architekt heißt Diktatur.
Hätte sich die Sonnenstadt anders denn als Dekoration der Sonnenstadt verwirklichen können? Vermutlich nicht. Die Zuschauer, für die diese ganze wunderbare Dekoration bestimmt war, sind nicht jene, die in den prächtigen Wand-Palästen und Fenster-Palästen lebten, sondern der Mensch, der durch den monumentalen Triumphbogen in das Land der Utopie reiste. Der Mensch, der durch dieses imperiale Tor, durch diese als eine einzige Straße existierende Stadt gefahren war, die aus zwei mehrere Kilometer langen Palastwänden bestand, sollte sich im Angesicht dieses grandiosen

Prunks dem Imperium zu Füßen werfen. Die mystische Gerechtigkeit dieser Geschichte besteht darin, daß diese Stadt tatsächlich zum Tor in die Utopie geworden ist, zum Tor in die Gesellschaft des Glücks, die doch nicht errichtet wurde.
Die Stadt der Illusion entstand an der Stelle der Gespensterstädte, als Dekoration für ein seltsames, aber erhabenes romantisches Stück. Dieses Stück handelt von menschlichen Träumen und ihrer Unerfüllbarkeit, von der Stadt des Glücks und ihrer Unerreichbarkeit. Es ist der Mythos von Sisyphus und der Mythos von Ikarus, der zur Sonne fliegt, wofür sie ihn mit dem Tod bestraft. Die Stadt des Glücks ist tot. Aber die phantastische, einzigartige ästhetische Konstruktion – die Sonnenstadt der Träume – bleibt bestehen: als grandiose Szenographie eines utopischen Projekts mit dem Namen Glück.
Ich wurde an den blutigen Ufern der schlaflosen Njamiha in der Sonnenstadt geboren. In der Sonnenstadt wurden meine Kinder geboren…

# Epilog

Am Tag des Amtsantritts hing eine unruhige Erwartung über der Sonnenstadt. Die Viertel um den Zentralplatz, wo die Zeremonie stattfinden sollte, waren für den Verkehr gesperrt. Die Anhänger des Präsidenten erwarteten sein Erscheinen und die Provokationen seiner Gegner. Seine Gegner bereiteten sich auf sein Erscheinen und auf die Repressalien seiner Anhänger vor. Gemeinsam erwarteten sie IHN, der sich seit Tagen nicht mehr öffentlich gezeigt hatte. Es hieß, er habe eine Depression. Er sehe schlecht aus und wolle nicht, daß ihn das Volk so sieht. Dies sei der Grund, warum die Einweihung um zwei Wochen verschoben wurde.

Der Präsident erschien in der Uniform des Generalissimus, der prächtigen imperialen Kleidung, die so gut mit der Sonnenstadt harmoniert, diesem majestätischen Gespenst des Lands des Glücks. Er sah wenn nicht müde, so doch etwas verloren aus. Die Wahlen drei Wochen zuvor waren anders verlaufen als bei seinen eleganten Siegen zuvor. Zum ersten Mal seit vielen Jahren geriet das System, das er errichtet hatte, ins Stocken. Der Zement, der es zusammenhielt, war die Angst. Die Angst, entlassen zu werden; die Angst, von der Universität relegiert zu werden; die Angst, seine Geschäfte nicht mehr tätigen zu können; die Angst, verhaftet zu werden; die Angst, daß das Eigentum konfisziert wird. Das waren noch die Ängste ersten Grades, die man als unterbewußte Angst der Stadt bezeichnen kann.

Am Vorabend der Wahl hatten die Behörden alles getan, um die Angst auf ein Maximum zu steigern. Sie hatten präventiv verhaftet, vorgeladen, eingeschüchtert. In der Stadt verbreitete sich das Gerücht, Bombenattentate und andere große

Provokationen würden vorbereitet. Und doch gingen Zehntausende auf die Straße – sie betraten ein Territorium, auf dem schon seit vielen Jahren Demonstrationen gegen die Regierung verboten waren. Sie errichteten ihre Zeltstadt im Herzen der Sonnenstadt, auf dem Platz des Metaphysikus, ausgerechnet an der Stelle, wo einst das Stalindenkmal gestanden hatte. Am Tag seines Amtsantritts erschien dort der Präsident und trat in der Uniform des Generalissimus vor seine Truppen. Die Einsamkeit seiner dritten Amtszeit begann.

Der Abend des Tages, an dem der Präsident sein Amt erneut übernahm, war von derselben Spannung erfüllt wie der Morgen. Die Straßen im Zentrum der Sonnenstadt füllten sich mit seinen Anhängern, viele hatten sich symbolische Pappkronen auf den Kopf gesetzt. Die Gespensterstadt blickte finster auf diesen düsteren Krönungstag, der an etwas erinnerte, was es in der europäischen Geschichte schon einmal gegeben hatte. Die aufgeregte Menge trug keine Fakkeln – die Fassaden der Paläste der Sonnenstadt, die von unten mit Halogenscheinwerfern angestrahlt wurden, erfüllten den gleichen Zweck.

Beim ersten Mal war der Präsident von Menschen gewählt worden, die einst im Land des Glücks gelebt hatten. Dieses starb an jenem Tag, an dem die Sonne von Tschernobyl über ihm aufging. Ihre unsichtbaren Strahlen hingen jahrelang über der Stadt. Viele konnten sich nicht damit abfinden, daß sie das Land des Glücks hatten verlassen müssen, und wollten zurückkehren. Der Präsident hatte versprochen, dabei zu helfen, und versuchte dann all die Jahre, sein Versprechen einzulösen. Um das Gespenst des toten Landes auferstehen zu lassen, mußte eine Illusion geschaffen, mußten all jene mit Angst zum Schweigen gebracht werden, die nicht an die Illusion glaubten. Zuerst wurde dafür gesorgt, daß die Mehrheit das Minimum bekam, das zum Leben notwendig war. Dann mußte dieses Minimum in ein virtuelles Maximum verwandelt werden. Schließlich wurde dafür gesorgt, daß die Stimmen derjenigen, die nicht an den virtuellen Wohlstand glaubten, kein Gehör finden konnten.

Während dieser Jahre schränkten die Behörden die Meinungsfreiheit ein. Sie verboten Zeitungen und Radiosender, die nicht willfährig waren, bekämpften die Parteien und das Kulturleben. Sie versorgten tatsächlich viele Menschen mit dem Lebensnotwendigen, machten diese aber abhängig, indem sie damit drohten, ihnen dieses Minimum zu entziehen. Andere waren aufgrund anderer Ängste abhängig. In einem unfreien Land findet sich für jeden Menschen eine Angst.

Was nach den Wahlen im März 2006 passierte, war ein Schock für alle: für die Behörden, für den Präsidenten, für die Gesellschaft. Die Behörden und der Präsident waren schockiert, daß der so gut eingespielte Mechanismus erstmals ernsthaft versagte. Die Gesellschaft war von der Erkenntnis schockiert, daß man sich von der Angst befreien kann, daß es sogar leicht ist, wenn man sich zusammentut. Mehr noch: Die solidarische Befreiung von der Angst hat zur Folge, daß die Behörden selbst an den kritischen Punkt der Angst gelangen.

Drei Wochen später stand der Präsident an jener Stelle vor den Soldaten, an der die undankbaren Kinder der Stadt ihr Zeltlager errichtet hatten. Er hatte eine tragische Entscheidung zu treffen. Es war offensichtlich, daß das materielle Minimum, das virtuelle Maximum und das Ausmaß der Angst an ihre Grenzen geraten waren. Von nun an konnte der Wunsch der Menschen, sich von diesen Minima und Maxima zu befreien, nur noch wachsen.

Um sie wieder gefügig zu machen und die Befreiungsinitiative zu lähmen, mußte ein nächster Schritt folgen. Die Angst, zu hungern, mußte in die Angst, zu sterben, transformiert werden. Das ist ein völlig anderes Spiel. Hier geht es nicht mehr um Fackelmärsche und Krönungszeremonien. Es ist furchtbar, die symbolische Uniform abzulegen und eine echte anzuziehen, es ist furchtbar, diesen nächsten Schritt zu tun, furchtbarer noch, als stehenzubleiben. Und noch furchtbarer ist es, wenn du verstehst, daß du allein bist, daß im Westen das dir feindlich gesinnte Europa liegt und im Osten Rußland, das zwar nicht dein Feind, aber weitaus gefährlicher ist als ein Feind. Selbst deine Anhänger, die sich bei deinem Amtsantritt mit den Pappkronen vergnügen, sind nur virtuelle Anhänger, die dich verraten, sobald die Illusion des von dir geschaffenen Wohlstands zerfällt.

Am Tag des Amtsantritts hing eine unruhige Erwartung über der Sonnenstadt. Aber es gab etwas, das Hoffnung machte. Die Einsamkeit einer neuen Amtszeit begann.

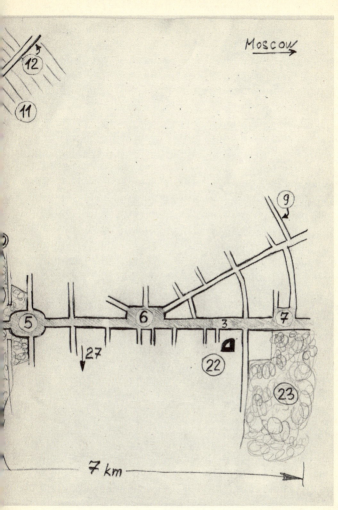

*(Legende auf Seite 181)*

## *Legende zu Seite 178/179*

1. Torplatz
2. Platz der Weisheit (Leninplatz)
3. Prospekt
4. Platz des Metaphysikus (Oktoberplatz)
5. Viktoriaplatz (Platz des Sieges)
6. Koloß-Platz (Kolas-Platz)
7. Platz der Liebe (Kalininplatz)
8. Parks
9. Lomonosow-Straße
10. Njamiha
11. Staraschouka
12. Tscherwjakow-Straße
13. Metro Njamiha
14. Palast der Weisheit
15. Palast der Staatssicherheit
16. Sportpalast
17. Palast der Republik
18. Palast des Metaphysikus
19. Kolosseum
20. Palast der Macht
21. Großes Theater
22. Palast der Wissenschaft
23. Tscheljuskinzew-Park
24. Felix-Boulevard
25. Leninboulevard
26. Parkmagistrale
27. Kleine Sonnenstadt
28. Palast der Luftfahrt
29. Fabrikvorstädte

## Abbildungen

| | |
|---|---|
| Seite 20/21 | Wächter der Sonnenstadt |
| Seite 26/27 | Platz des Metaphysikus mit dem Palast der Republik |
| Seite 35 | Dächer der Sonnenstadt |
| Seite 42/43 | Palast der Wissenschaften |
| Seite 50/51 | Obere Stadt |
| Seite 60/61 | Sportpalast |
| Seite 71 | Paläste von der falschen Seite |
| Seite 81 | Torplatz bei Nacht |
| Seite 88/89 | Njamiha im Schnee |
| Seite 98 | Schatten auf dem Prospekt |
| Seite 101 | Offizierspalast |
| Seite 109 | Schatten auf dem Prospekt |
| Seite 118 | Nächtlicher Prospekt |
| Seite 126/127 | Ein Junge läuft Rollschuh im Park |
| Seite 136/137 | Opernpalast |
| Seite 140/141 | Durchwachsene Fassade |
| Seite 151 | Hauseingang am Torplatz |
| Seite 158/159 | Vorstadtstraße |
| Seite 168 | Platz des Metaphysikus (Oktoberplatz) |

## Nachbemerkung

Dieses Buch, vom Suhrkamp Verlag in Auftrag gegeben, wurde in den Monaten nach der Niederschlagung der weißrussischen Oppositionsbewegung geschrieben. Artur Klinaŭ verfaßte seinen *Reiseführer durch die Sonnenstadt*, so der Originaltitel, auf eigenen Vorschlag in russischer Sprache. Anfang 2006 hatte er in Minsk sein Photoalbum *Gorad SONca. Vizualnaja paema pra Minsk/The City of Dreams. A Visual Poem in Three Parts* mit einem kurzen zweisprachigen Essay (weißrussisch/englisch) publiziert, dessen Grundidee das vorliegende Buch entfaltet.
Der sprachliche Nukleus des Titels mußte bei der Übersetzung transformiert werden: Das im Genitiv des weißrussischen Wortes für *SONne* (SONca) enthaltene *SON* bedeutet *Traum*, *Gorad SONca* ist mithin Sonnenstadt wie auch die Stadt als Traum.

Das Motto des Buches wird zitiert nach: *Der utopische Staat. Thomas Morus: Utopia. Tommaso Campanella: Sonnenstaat. Francis Bacon: Neuatlantis*. Herausgegeben und übersetzt von Klaus J. Heinisch. Reinbek bei Hamburg 1960, S. 117, 119-120. Der auch im Russischen geläufige Titel von Campanellas *Civitas Solis* ist Sonnenstadt, was Titel und Werk besser gerecht wird als das im Deutschen eingeführte *Sonnenstaat*.

## Osteuropäische Literatur
## in der edition suhrkamp
## Eine Auswahl

**Anna Altschuk.** schwebe zu stand. Gedichte. Mit einem Nachwort von Michail Ryklin und einem Werkstattbericht von Gabriele Leupold und Henrike Schmidt. Aus dem Russischen von Gabriele Leupold, Henrike Schmidt und Georg Witte. es 2610. 167 Seiten

**Juri Andruchowytsch**
- Engel und Dämonen der Peripherie. Essays. Aus dem Ukrainischen von Sabine Stöhr. es 2513. 217 Seiten
- Das letzte Territorium. Essays. Aus dem Ukrainischen von Alois Woldan. Nachwort übersetzt von Sofia Onufriv. es 2446. 192 Seiten

**Juri Andruchowytsch/Andrzej Stasiuk.** Mein Europa. Aus dem Ukrainischen von Martin Pollak und Sofia Onufriv. es 2370. 160 Seiten

**Attila Bartis.** Die Apokryphen des Lazarus. Zwölf Feuilletons. Aus dem Ungarischen von Laszlo Kornitzer. es 2498. 99 Seiten

**Bora Ćosić**
- Die Reise nach Alaska. Aus dem Serbischen von Katharina Wolf-Grießhaber. es 2493. 172 Seiten
- Die Zollerklärung. Aus dem Serbischen von Katharina Wolf-Grießhaber. es 2213. 153 Seiten

**Miloš Crnjanski**
– Ithaka und Kommentare. Aus dem Serbischen neu übersetzt und kommentiert von Peter Urban. es 2639. 260 Seiten

- Tagebuch über Čarnojević. Aus dem Serbischen von Hans Volk. Mit einem Nachwort von Ilma Rakusa. es 1867. 137 Seiten

**László Darvasi**
- Eine Frau besorgen. Kriegsgeschichten. Aus dem Ungarischen von Heinrich Eisterer, Terézia Mora und Agnes Relle. es 2448. 184 Seiten
- Herr Stern. Novellen. Aus dem Ungarischen von Heinrich Eisterer. es 2476. 227 Seiten

**Ljubko Deresch**
- Die Anbetung der Eidechse oder Wie man Engel vernichtet. Aus dem Ukrainischen von Maria Weissenböck. es 2480. 200 Seiten
- Intent! oder Die Spiegel des Todes. Aus dem Ukrainischen von Maria Weissenböck. es 2536. 316 Seiten
- Kult. Roman. Aus dem Ukrainischen von Juri Durkot und Sabine Stöhr. es 2449. 259 Seiten

**Mircea Dinescu.** Exil im Pfefferkorn. Gedichte. Ausgewählt, aus dem Rumänischen übersetzt und mit einem Nachwort versehen von Werner Söllner. es 1589. 115 Seiten

**István Eörsi.** Der rätselhafte Charme der Freiheit. Versuche über das Neinsagen. Aus dem Ungarischen von Anna Gara-Bak, Péter Máté, Gregor Mayer, Angela Plöger und Hans Skirecki. es 2271. 198 Seiten

**Andrej Gelassimow.** Durst. Aus dem Russischen von Dorothea Trottenberg. es 2624. 115 Seiten

**Oleg Jurjew.** Spaziergänge unter dem Hohlmond. Kleiner kaleidoskopischer Roman. Aus dem Russischen von Birgit Veit. es 2240. 134 Seiten

**Ryszard Kapuściński.** Der Andere. Aus dem Polnischen von Martin Pollack. es 2544. 92 Seiten

**Imre Kertész**
- »Heureka!« Rede zum Nobelpreis für Literatur 2002. Aus dem Ungarischen von Kristin Schwamm. Bearbeitung Ingrid Krüger. es-Sonderdruck. 32 Seiten
- Schritt für Schritt. Drehbuch zum »Roman eines Schicksallosen«. Aus dem Ungarischen von Erich Berger. es 2292. 184 Seiten

**Artur Klinaŭ.** Minsk. Sonnenstadt der Träume. Aus dem Russischen von Volker Weichsel. Mit Fotografien des Autors und Abbildungen. es 2491. 175 Seiten

**Ryszard Krynicki.** Wunde der Wahrheit. Gedichte. Herausgegeben, aus dem Polnischen übertragen und mit einem Nachwort versehen von Karl Dedecius. es 1664. 136 Seiten

**Wojciech Kuczok.** Höllisches Kino. Über Pasolini und andere. Aus dem Polnischen von Gabriele Leupold und Dorota Stroińska. es 2542. 138 Seiten

**Stanisław Lem.** Dialoge. Aus dem Polnischen von Jens Reuter. Mit einem Nachwort des Autors. es 1013. 319 Seiten

**Barbara Markovic.** Ausgehen. Aus dem Serbischen von Mascha Dabic. es 2581. 95 Seiten

**Valzhyna Mort.** Tränenfabrik. Gedichte. Aus dem Weißrussischen von Katharina Narbutović. es 2580. 86 Seiten

**Taras Prochasko.** Daraus lassen sich ein paar Erzählungen machen. Aus dem Ukrainischen von Maria Weissenböck. es 2578. 124 Seiten

**Ilma Rakusa.** Von Ketzern und Klassikern. Streifzüge durch die russische Literatur. es 2325. 236 Seiten

**Mykola Rjabtschuk.** Die reale und die imaginierte Ukraine. Mit einem Nachwort versehen von Wilfried Jilge. Aus dem Ukrainischen von Juri Durkot. es 2418. 175 Seiten

**Michail Ryklin**
- Mit dem Recht des Stärkeren. Die russische Kultur in Zeiten der gelenkten Demokratie. Aus dem Russischen von Gabriele Leupold. es 2472. 239 Seiten
- Räume des Jubels. Totalitarismus und Differenz. Essays. Aus dem Russischen von Dirk Uffelmann. es 2316. 238 Seiten

**Andrzej Stasiuk**
- Dojczland. Eine Reise. Aus dem Polnischen von Olaf Kühl. es 2566. 92 Seiten
- Fado. Reiseskizzen. Aus dem Polnischen von Renate Schmidgall. es 2527. 158 Seiten
- Die Mauern von Hebron. Aus dem Polnischen von Olaf Kühl. es 2302. 160 Seiten
- Über den Fluß. Erzählungen. Aus dem Polnischen von Renate Schmidgall. es 2390. 189 Seiten.
- Wie ich Schriftsteller wurde. Versuch einer intellektuellen Autobiographie. Aus dem Polnischen von Olaf Kühl. es 2236. 144 Seiten

**Aleš Šteger.** Preußenpark. Berliner Skizzen. Aus dem Slowenischen von Ann Catrin Apstein-Müller. Mit Fotografien des Autors. es 2569. 156 Seiten

**Dubravka Ugrešić**
- Die Kultur der Lüge. Aus dem Serbokroatischen von Barbara Antkowiak. es 1963. 303 Seiten

- My American Fictionary. Aus dem Serbokroatischen von Barbara Antkowiak. es 1895. 224 Seiten

**Tomas Venclova.** Vilnius. Eine Stadt in Europa. Aus dem Litauischen von Claudia Sinnig. Mit Fotografien von Arunas Baltenas. es 2473. 242 Seiten

**Serhij Zhadan**
- Anarchy in the UKR. Aus dem Ukrainischen von Claudia Dathe. es 2522. 216 Seiten
- Depeche Mode. Roman. Aus dem Ukrainischen von Juri Durkot und Sabine Stöhr. es 2494. 245 Seiten
- Geschichte der Kultur zu Anfang des Jahrhunderts. Gedichte. Aus dem Ukrainischen von Claudia Dathe. es 2455. 81 Seiten

**Zu zweit nirgendwo.** Neue Erzählungen aus Slowenien. Herausgegeben von Aleš Šteger und Mitja Čander. es 2416. 280 Seiten